Heinrich Heine, geboren am 13. Dezember 1797 in Düsseldorf, ist am 17. Februar 1856 in Paris gestorben.

Heines Schrift *Die romantische Schule* erschien in ihrer endgültigen Fassung im Jahre 1835. Ihr lag eine Sammlung von literaturgeschichtlichen Aufsätzen zugrunde, die Heine 1832 bis 1833 in Paris geschrieben hatte, um die Franzosen – im kritischen Blick auf Madame de Staëls *Über Deutschland* (it 623) – mit der neueren deutschen Literatur vertraut zu machen. Er schrieb die Artikel in Deutsch und ließ sie in französischer Sprache in der Zeitschrift *L'Europe littéraire* unter dem Titel »État actuel de la littérature en Allemagne. De l'Allemagne depuis Madame de Staël« abdrucken. Noch im gleichen Jahr erschien die deutschsprachige Buchfassung »Zur Geschichte der neueren schönen Literatur in Deutschland«, die er dann zwei Jahre später unter dem Titel *Die romantische Schule* in erweiterter Fassung herausbrachte.

Im ersten Buch setzt er sich vornehmlich mit dem Werk des von ihm bewunderten Goethe auseinander. Im zweiten und dritten Buch greift Heine die romantische Bewegung an. Das persönliche Engagement und die stilistisch pointierte Auseinandersetzung fesseln auch den heutigen Leser.

insel taschenbuch 910

Heinrich Heine

Die romantische Schule

Heinrich Heine
Die romantische Schule

Mit einem Nachwort von
Norbert Altenhofer

Insel Verlag

insel taschenbuch 910
Erste Auflage 1987

Vertrieb durch den Suhrkamp Taschenbuch Verlag
Umschlag nach Entwürfen von Willy Fleckhaus
Satz: LibroSatz, Kriftel
Druck: Nomos Verlagsgesellschaft, Baden-Baden
Printed in Germany

1 2 3 4 5 6 – 92 91 90 89 88 87

Die romantische Schule

Den beträchtlichsten Teil dieser Blätter, die ursprünglich in französischer Sprache abgefaßt und an Franzosen gerichtet sind, habe ich bereits vor einiger Zeit in deutscher Version, unter dem Titel »Zur Geschichte der neueren schönen Literatur in Deutschland«, dem vaterländischen Publikum mitgeteilt. In der gegenwärtigen Ergänzung mag das Buch wohl den neuen Titel »Die romantische Schule« verdienen; denn ich glaube, daß es dem Leser die Hauptmomente der literarischen Bewegung, die jene Schule hervorgebracht, aufs getreusamste veranschaulichen kann.

Es war meine Absicht, auch die spätere Periode unserer Literatur in ähnlicher Form zu besprechen; aber dringendere Beschäftigungen und äußere Verhältnisse erlaubten mir nicht unmittelbar ans Werk zu gehen. Überhaupt ist die Art der Behandlung und die Weise der Herausgabe bei meinen letzten Geisteserzeugnissen immer von zeitlichen Umständen bedingt gewesen. So habe ich meine Mitteilungen »zur Geschichte der Religion und Philosophie in Deutschland« als einen zweiten Teil des »Salon« publizieren müssen; und doch sollte diese Arbeit eigentlich die allgemeine Einleitung in die deutsche Literatur bilden. Ein besonderes Mißgeschick, das mich bei diesem zweiten Teile des »Salons« betroffen, habe ich bereits, durch die Tagespresse, zur öffentlichen Kunde gebracht. Mein Herr Verleger, den ich anklagte, mein Buch eigenmächtig verstümmelt zu haben, hat dieser Beschuldigung, durch dasselbe Organ, widersprochen; er erklärte jene Verstümmelung für das glorreiche Werk einer Behörde, die über alle Rügen erhaben ist.

Dem Mitleid der ewigen Götter empfehle ich das Heil des Vaterlandes und die schutzlosen Gedanken seiner Schriftsteller.

Geschrieben zu Paris, im Herbst 1835.

Heinrich Heine

Erstes Buch

Frau von Staëls Werk »de l'Allemagne« ist die einzige umfassende Kunde, welche die Franzosen über das geistige Leben Deutschlands erhalten haben. Und doch ist, seitdem dieses Buch erschienen, ein großer Zeitraum verflossen und eine ganz neue Literatur hat sich unterdessen in Deutschland entfaltet. Ist es nur eine Übergangsliteratur? hat sie schon ihre Blüte erreicht? ist sie bereits abgewelkt? Hierüber sind die Meinungen geteilt. Die meisten glauben mit dem Tode Goethes beginne in Deutschland eine neue literarische Periode, mit ihm sei auch das alte Deutschland zu Grabe gegangen, die aristokratische Zeit der Literatur sei zu Ende, die demokratische beginne, oder, wie sich ein französischer Journalist jüngst ausdrückte: »der Geist der Einzelnen habe aufgehört, der Geist Aller habe angefangen.«

Was mich betrifft, so vermag ich nicht in so bestimmter Weise über die künftigen Evolutionen des deutschen Geistes abzuurteilen. Die Endschaft der »Goetheschen Kunstperiode«, mit welchem Namen ich diese Periode zuerst bezeichnete, habe ich jedoch schon seit vielen Jahren vorausgesagt. Ich hatte gut prophezeien! Ich kannte sehr gut die Mittel und Wege jener Unzufriedenen, die dem Goetheschen Kunstreich ein Ende machen wollten, und in den damaligen Emeuten gegen Goethe will man sogar mich selbst gesehen haben. Nun Goethe tot ist, bemächtigt sich meiner darob ein wunderbarer Schmerz.

Indem ich diese Blätter gleichsam als eine Fortsetzung des Frau v. Staëlschen »de l'Allemagne« ankündige, muß ich, die Belehrung rühmend, die man aus diesem Werke schöpfen kann, dennoch eine gewisse Vorsicht beim Gebrauche desselben anempfehlen und es durchaus als Koteriebuch bezeichnen. Frau v. Staël, glorreichen Andenkens, hat hier, in der Form eines Buches, gleichsam einen Salon eröffnet, worin sie deutsche Schriftsteller empfing, und ihnen Gelegenheit gab, sich der französischen zivilisierten Welt bekannt zu machen; aber in dem Getöse der verschiedensten Stimmen, die aus diesem Buche hervorschreien, hört man doch immer am vernehmlichsten den feinen Diskant des Herrn A. W. Schlegel. Wo sie ganz selbst ist, wo die großfühlende Frau sich unmittelbar ausspricht mit ihrem ganzen strahlenden Herzen, mit dem ganzen Feuerwerk ihrer Geistesraketen und brillanten Tollheiten: da ist das Buch gut und vortrefflich. Sobald sie aber fremden Einflüsterungen gehorcht, sobald sie einer Schule huldigt, deren Wesen ihr ganz fremd und unbegreifbar ist, sobald sie durch die Anpreisung dieser Schule gewisse ultramontane Tendenzen befördert, die mit ihrer protestantischen Klarheit in direktem Widerspruche sind: da ist ihr Buch kläglich und ungenießbar. Dazu kömmt noch, daß sie außer den unbewußten, auch noch bewußte Parteilichkeiten ausübt, daß sie, durch die Lobpreisung des geistigen Lebens, des Idealismus in Deutschland, eigentlich den damaligen Realismus der Franzosen, die materielle Herrlichkeit der Kaiserperiode, frondieren will. Ihr Buch »de l'Allemagne« gleicht in dieser Hinsicht der »Germania« des Tacitus, der vielleicht ebenfalls, durch seine Apologie der Deutschen, eine indirekte Satire gegen seine Landsleute schreiben wollte.

Wenn ich oben einer Schule erwähnte, welcher Frau v. Staël huldigte und deren Tendenzen sie beförderte: so meinte ich die romantische Schule. Daß diese in Deutschland ganz etwas anderes war, als was man in Frankreich mit diesem Namen bezeichnet, daß ihre Tendenzen ganz verschieden waren von denen der französischen Romantiker, das wird in den folgenden Blättern klar werden.

Was war aber die romantische Schule in Deutschland?

Sie war nichts anders als die Wiedererweckung der Poesie des Mittelalters, wie sie sich in dessen Liedern, Bild- und Bauwerken, in Kunst und Leben manifestiert hatte. Diese Poesie aber war aus dem Christentume hervorgegangen, sie war eine Passionsblume, die dem Blute Christi entsprossen. Ich weiß nicht ob die melancholische Blume, die wir in Deutschland Passionsblume benamsen, auch in Frankreich diese Benennung führt, und ob ihr von der Volkssage ebenfalls jener mystische Ursprung zugeschrieben wird. Es ist jene sonderbar mißfarbige Blume, in deren Kelch man die Marterwerkzeuge, die bei der Kreuzigung Christi gebraucht worden, nämlich Hammer, Zange, Nägel usw., abkonterfeit sieht, eine Blume die durchaus nicht häßlich, sondern nur gespenstisch ist, ja, deren Anblick sogar ein grauenhaftes Vergnügen in unserer Seele erregt, gleich den krampfhaft süßen Empfindungen, die aus dem Schmerze selbst hervorgehen. In solcher Hinsicht wäre diese Blume das geeignetste Symbol für das Christentum selbst, dessen schauerlichster Reiz eben in der Wollust des Schmerzes besteht.

Obgleich man in Frankreich unter dem Namen Christentum nur den römischen Katholizismus versteht, so muß ich doch besonders bevorworten, daß ich nur von letzterem spreche. Ich spreche von jener Religion in deren ersten Dogmen eine Verdammnis alles Fleisches enthalten ist, und die dem Geiste nicht bloß eine Obermacht über das Fleisch zugesteht, sondern auch dieses abtöten will um den Geist zu verherrlichen; ich spreche von jener Religion durch deren unnatürliche Aufgabe ganz eigentlich die Sünde und die Hypokrisie in die Welt gekommen, indem eben, durch die Verdammnis des Fleisches, die unschuldigsten Sinnenfreuden eine Sünde geworden, und durch die Unmöglichkeit ganz Geist zu sein die Hypokrisie sich ausbilden mußte; ich spreche von jener Religion, die ebenfalls durch die Lehre von der Verwerflichkeit aller irdischen Güter, von der auferlegten Hundedemut und Engelsgeduld, die erprobteste Stütze des Despotismus geworden. Die Menschen haben jetzt das Wesen dieser Religion erkannt, sie lassen sich nicht mehr mit Anweisungen auf den Himmel abspeisen, sie wissen daß auch die Materie ihr Gutes hat und nicht ganz des Teufels ist, und sie vindizieren jetzt die Genüsse der Erde, dieses schönen Gottesgartens, unseres unveräußerlichen Erbteils. Eben weil wir alle Konsequenzen jenes absoluten Spiritualismus jetzt so ganz begreifen, dürfen wir auch glauben, daß die christkatholische Weltansicht ihre Endschaft erreicht. Denn jede Zeit ist eine Sphinx, die sich in den Abgrund stürzt, sobald man ihr Rätsel gelöst hat.

Keineswegs jedoch leugnen wir hier den Nutzen, den die christkatholische Weltansicht in Europa gestiftet. Sie war notwendig als eine heilsame Reaktion gegen den grauenhaft kolossalen Materialismus, der sich im römischen Reiche entfaltet hatte und alle geistige Herrlichkeit des Menschen zu vernichten drohte. Wie die schlüpfrigen Memoiren des vorigen Jahrhunderts gleichsam die pièces justificatives der französischen Revolution bilden; wie uns der Terrorismus eines Comité du salut public als notwendige Arznei erscheint, wenn wir die Selbstbekenntnisse der französischen vornehmen Welt seit der Regentschaft gelesen: so erkennt man auch die Heilsamkeit des asketischen Spiritualismus, wenn man etwa den Petron oder den Apulejus gelesen, Bücher, die man als pièces justificatives des Christentums betrachten kann. Das Fleisch war so frech geworden in dieser Römerwelt, daß es wohl der christlichen Disziplin bedurfte um es zu züchtigen. Nach dem Gastmahl des Trimalkion bedurfte man einer Hungerkur gleich dem Christentum.

Oder etwa, wie greise Lüstlinge durch Rutenstreiche das erschlaffte Fleisch zu neuer Genußfähigkeit aufreizen: wollte das alternde Rom sich mönchisch geißeln lassen, um raffinierte Genüsse in der Qual selbst und die Wollust im Schmerze zu finden?

Schlimmer Überreiz! er raubte dem römischen Staatskörper die letzten Kräfte. Nicht durch die Trennung in zwei Reiche ging Rom zu Grunde; am Bosporus wie an der Tiber ward Rom verzehrt von demselben judäischen Spiritualismus, und hier wie dort ward die römische Geschichte ein langsames Dahinsterben, eine Agonie die Jahrhunderte dauerte. Hat etwa das gemeuchelte Judäa, indem es den Römern seinen Spiritualismus bescherte, sich an dem siegenden Feinde rächen wollen, wie einst der sterbende Centaur, der dem Sohne Jupiters das verderbliche Gewand, das mit dem eignen Blute vergiftet war, so listig zu überliefern wußte? Wahrlich, Rom, der Herkules unter den Völkern, wurde durch das judäische Gift so wirksam verzehrt, daß Helm und Harnisch seinen welkenden Gliedern entsanken, und seine imperatorische Schlachtstimme herabsiechte zu betendem Pfaffengewimmer und Kastratengetriller.

Aber was den Greis entkräftet, das stärkt den Jüngling. Jener Spiritualismus wirkte heilsam auf die übergesunden Völker des Nordens; die allzuvollblütigen barbarischen Leiber wurden christlich vergeistigt; es begann die europäische Zivilisation. Das ist eine preiswürdige, heilige Seite des Christentums. Die katholische Kirche erwarb sich in dieser Hinsicht die größten Ansprüche auf unsere Verehrung und Bewunderung. Sie hat, durch große geniale Institutionen, die Bestialität der nordischen Barbaren zu zähmen und die brutale Materie zu bewältigen gewußt.

Die Kunstwerke des Mittelalters zeigen nun jene Bewältigung der Materie durch den Geist und das ist oft sogar ihre ganze Aufgabe. Die epischen Dichtungen jener Zeit könnte man leicht nach dem Grade dieser Bewältigung klassifizieren.

Von lyrischen und dramatischen Gedichten kann hier

nicht die Rede sein; denn letztere existierten nicht, und erstere sind sich ziemlich ähnlich in jedem Zeitalter, wie die Nachtigallenlieder in jedem Frühling.

Obgleich die epische Poesie des Mittelalters in heilige und profane geschieden war, so waren doch beide Gattungen ihrem Wesen nach ganz christlich; denn, wenn die heilige Poesie auch ausschließlich das jüdische Volk, welches für das allein heilige galt, und dessen Geschichte, welche allein die heilige hieß, die Helden des alten und neuen Testamentes, die Legende, kurz die Kirche besang, so spiegelte sich doch in der profanen Poesie das ganze damalige Leben mit allen seinen christlichen Anschauungen und Bestrebungen. Die Blüte der heiligen Dichtkunst im deutschen Mittelalter ist vielleicht »Barlaam und Josaphat«, ein Gedicht, worin die Lehre von der Abnegation, von der Enthaltsamkeit, von der Entsagung, von der Verschmähung aller weltlichen Herrlichkeit, am konsequentesten ausgesprochen worden. Hiernächst möchte ich den »Lobgesang auf den heiligen Anno« für das Beste der heiligen Gattung halten. Aber dieses letztere Gedicht greift schon weit hinaus ins Weltliche. Es unterscheidet sich überhaupt von den ersteren wie etwa ein byzantinisches Heiligenbild von einem altdeutschen. Wie auf jenen byzantinischen Gemälden, sehen wir ebenfalls in »Barlaam und Josaphat« die höchste Einfachheit, nirgends ist perspektivisches Beiwerk, und die lang mageren statuenähnlichen Leiber und die idealisch ernsthaften Gesichter treten streng abgezeichnet hervor, wie aus weichem Goldgrund; – im »Lobgesang auf den heiligen Anno« wird, wie auf altdeutschen Gemälden, das Beiwerk fast zur Hauptsache und trotz der grandiosen Anlage ist doch das Einzelne aufs kleinlichste ausgeführt, und man weiß nicht, ob man dabei die Konzeption eines Riesen oder die Geduld eines Zwergs bewundern soll. Otfrieds Evangeliengedicht, das man als das Hauptwerk der heiligen Poesie zu rühmen pflegt, ist lange nicht so ausgezeichnet wie die erwähnten beiden Dichtungen.

In der profanen Poesie finden wir, nach obiger Andeutung, zuerst den Sagenkreis der Nibelungen und des Heldenbuchs; da herrscht noch die ganze vorchristliche Denk- und Gefühlsweise, da ist die rohe Kraft noch nicht zum Rittertum herabgemildert, da stehen noch, wie Steinbilder, die starren Kämpen des Nordens, und das sanfte Licht und der sittige Atem des Christentums dringt noch nicht durch die eisernen Rüstungen. Aber es dämmert allmählich in den altgermanischen Wäldern, die alten Götzeneichen werden gefällt und es entsteht ein lichter Kampfplatz, wo der Christ mit dem Heiden kämpft: und dieses sehen wir im Sagenkreis Karls des Großen, worin sich eigentlich die Kreuzzüge mit ihren heiligen Tendenzen abspiegeln. Nun aber, aus der christlich spiritualisierten Kraft, entfaltet sich die eigentümlichste Erscheinung des Mittelalters, das Rittertum, das sich endlich noch sublimiert als ein geistliches Rittertum. Jenes, das weltliche Rittertum, sehen wir am anmutigsten verherrlicht in dem Sagenkreis des Königs Artus, worin die süßeste Galanterie, die ausgebildetste Courtoisie und die abenteuerlichste Kampflust herrscht. Aus den süß närrischen Arabesken und phantastischen Blumengebilden dieser Gedichte grüßen uns der köstliche Iwain, der vortreffliche Lanzelot vom See, und der tapfere, galante, honette, aber etwas langweilige Wigalois. Neben diesem Sagenkreis sehen wir den damit verwandten und verwebten Sagenkreis vom »heiligen Gral«, worin das geistliche Rittertum verherrlicht wird, und da treten uns entgegen drei der grandiosesten Gedichte des Mittelalters, der »Titurel«, der »Parzival« und der »Lohengrin«; hier stehen wir der romantischen Poesie gleichsam persönlich gegenüber, wir schauen ihr tief hinein in die großen leidenden Augen, und sie umstrickt uns unversehens mit ihrem scholastischen Netzwerk und zieht uns hinab in die wahnwitzige Tiefe der mittelalterlichen Mystik. Endlich sehen wir aber auch Gedichte in jener Zeit, die dem christlichen Spiritualismus nicht unbedingt huldigen, ja worin dieser sogar frondiert wird, wo der Dichter sich den Ketten der abstrakten christlichen Tugenden entwindet und wohlgefällig sich hinabtaucht in die Genußwelt der verherrlichten Sinnlichkeit; und es ist eben nicht der schlechteste Diener, der uns das Hauptwerk dieser Richtung, »Tristan und Isolde«, hinterlassen hat. Ja, ich muß gestehen, Gottfried von Straßburg, der Verfasser dieses schönsten Gedichts des Mittelalters, ist vielleicht auch dessen größter Dichter, und er überragt noch alle Herrlichkeit des Wolfram von Eschilbach, den wir im »Parzival« und in den Fragmenten des »Titurel« so sehr bewundern. Es ist vielleicht jetzt erlaubt den Meister Gottfried unbedingt zu rühmen und zu preisen. Zu seiner Zeit hat man sein Buch gewiß für gottlos und ähnliche Dichtungen, wozu schon der »Lanzelot« gehörte, für gefährlich gehalten. Und es sind wirklich auch bedenkliche Dinge vorgefallen. Francesca da Polenta und ihr schöner Freund mußten teuer dafür büßen, daß sie eines Tages miteinander in einem solchen Buche lasen; – die größere Gefahr freilich bestand darin, daß sie plötzlich zu lesen aufhörten!

Die Poesie in allen diesen Gedichten des Mittelalters trägt einen bestimmten Charakter, wodurch sie sich von der Poesie der Griechen und Römer unterscheidet. In Betreff dieses Unterschieds nennen wir erstere die romantische und letztere die klassische Poesie. Diese Benennungen aber sind nur unsichere Rubriken und führten bisher zu den unerquicklichsten Verwirrnissen, die noch gesteigert wurden, wenn man die antike Poesie statt klassisch auch plastisch nannte. Hier lag besonders der Grund zu Mißverständnissen. Nämlich die Künstler sollen ihren Stoff immer plastisch bearbeiten, er mag christlich oder heidnisch sein, sie sollen ihn in klaren Umrissen darstellen, kurz: plastische Gestaltung soll in der romantisch modernen Kunst, eben so wie in der antiken Kunst, die Hauptsache sein. Und in der Tat, sind nicht die Figuren in der »göttlichen Komödie« des Dante oder auf den Gemälden des Raphael ebenso plastisch wie die im Virgil oder auf den Wänden von Herkulanum? Der Unterschied besteht darin, daß die plastischen Gestalten in der antiken Kunst ganz identisch sind mit dem Darzustellenden, mit der Idee die der Künstler darstellen wollte, z. B. daß die Irrfahrten des Odysseus gar nichts anders bedeuten als die Irrfahrten des Mannes, der ein Sohn des Laertes und Gemahl der Penelopeia war und Odysseus hieß; daß ferner der Bacchus, den wir im Louvre sehen, nichts anders ist als der anmutige Sohn der Semele mit der kühnen Wehmut in den Augen und der heiligen Wollust in den gewölbt weichen Lippen. Anders ist es in der romantischen Kunst; da haben die Irrfahrten eines Ritters noch eine esoterische Bedeutung, sie deuten vielleicht auf die Irrfahrten des Lebens überhaupt; der Drache der überwunden wird, ist die Sünde; der Mandelbaum der dem Helden aus der Ferne so tröstlich zuduftet, das ist die Dreieinigkeit, Gott Vater und Gott Sohn und Gott Heiliger Geist, die zugleich eins ausmachen, wie Nuß, Faser und Kern dieselbe Mandel sind. Wenn Homer die Rüstung eines Helden schildert, so ist es eben nichts anders als eine gute Rüstung, die so und so viel Ochsen wert ist; wenn aber ein Mönch des Mittelalters in seinem Gedichte die Röcke der Muttergottes beschreibt, so kann man sich darauf verlassen, daß er sich unter diesen Röcken eben so viele verschiedene Tugenden denkt, daß ein besonderer Sinn verborgen ist unter diesen heiligen Bedeckungen der unbefleckten Jungfrauschaft Mariä, welche auch, da ihr Sohn der Mandelkern ist, ganz vernünftigerweise als Mandelblüte besungen wird. Das ist nun der Charakter der mittelalterlichen Poesie, die wir die romantische nennen.

Die klassische Kunst hatte nur das Endliche darzustellen, und ihre Gestalten konnten identisch sein mit der Idee des Künstlers. Die romantische Kunst hatte das Unendliche und lauter spiritualistische Beziehungen darzustellen oder vielmehr anzudeuten, und sie nahm ihre Zuflucht zu einem System traditioneller Symbole, oder vielmehr zum Parabolischen, wie schon Christus selbst seine spiritualistischen Ideen durch allerlei schöne Parabeln deutlich zu machen suchte. Daher das Mystische, Rätselhafte, Wunderbare und Überschwengliche in den Kunstwerken des Mittelalters; die Phantasie macht ihre entsetzlichsten Anstrengungen das Reingeistige durch sinnliche Bilder darzustellen, und sie erfindet die kolossalsten Tollheiten, sie stülpt den Pelion auf den Ossa, den »Parzival« auf den »Titurel«, um den Himmel zu erreichen.

Bei den Völkern, wo die Poesie ebenfalls das Unendliche darstellen wollte, und ungeheure Ausgeburten der Phantasie zum Vorschein kamen, z. B. bei den Skandinaviern und Indiern, finden wir Gedichte, die wir ebenfalls für romantisch halten und auch romantisch zu nennen pflegen.

Von der Musik des Mittelalters können wir nicht viel sagen. Es fehlen uns die Urkunden. Erst spät, im sechzehnten Jahrhundert, entstanden die Meisterwerke der katholischen Kirchenmusik, die man in ihrer Art nicht genug schätzen kann, da sie den christlichen Spiritualismus am reinsten aussprechen. Die rezitierenden Künste, spiritualistisch ihrer Natur nach, konnten im Christentum ein ziemliches Gedeihen finden. Minder vorteilhaft war diese Religion für die bildenden Künste. Denn da auch diese den Sieg des Geistes über die Materie darstellen sollten, und dennoch eben diese Materie als Mittel ihrer Darstellung gebrauchen mußten, so hatten sie gleichsam eine unnatürliche Aufgabe zu lösen. Daher in Skulptur und Malerei jene abscheulichen Themata: Martyrbilder, Kreuzigungen, sterbende Heiligen, Zerstörung des Fleisches. Die Aufgaben selbst waren ein Martyrtum der Skulptur, und wenn ich jene verzerrten

Bildwerke sehe, wo durch schief-fromme Köpfe, lange dünne Arme, magere Beine und ängstlich unbeholfene Gewänder die christliche Abstinenz und Entsinnlichung dargestellt werden soll: so erfaßt mich unsägliches Mitleid mit den Künstlern jener Zeit. Die Maler waren wohl etwas begünstigter, da das Material ihrer Darstellung, die Farbe, in seiner Unerfaßbarkeit, in seiner bunten Schattenhaftigkeit, dem Spiritualismus nicht so derb widerstrebte wie das Material der Skulptoren; dennoch mußten auch sie, die Maler, mit den widerwärtigsten Leidensgestalten die seufzende Leinwand belasten. Wahrlich, wenn man manche Gemäldesammlungen betrachtet und nichts als Blutszenen, Stäupen und Hinrichtung dargestellt sieht, so sollte man glauben die alten Meister hätten diese Bilder für die Galerie eines Scharfrichters gemalt.

Aber der menschliche Genius weiß sogar die Unnatur zu verklären, vielen Malern gelang es die unnatürliche Aufgabe schön und erhebend zu lösen, und namentlich die Italiener wußten der Schönheit etwas auf Kosten des Spiritualismus zu huldigen, und sich zu jener Idealität emporzuschwingen, die in so vielen Darstellungen der Madonna ihre Blüte erreicht hat. Die katholische Klerisei hat überhaupt, wenn es die Madonna galt, dem Sensualismus immer einige Zugeständnisse gemacht. Dieses Bild einer unbefleckten Schönheit, die noch dabei von Mutterliebe und Schmerz verklärt ist, hatte das Vorrecht, durch Dichter und Maler gefeiert und mit allen sinnlichen Reizen geschmückt zu werden. Denn dieses Bild war ein Magnet, welcher die große Menge in den Schoß des Christentums ziehen konnte. Madonna

Maria war gleichsam die schöne Dame du Comptoir der katholischen Kirche, die deren Kunden, besonders die Barbaren des Nordens, mit ihrem himmlischen Lächeln anzog und festhielt.

Die Baukunst trug im Mittelalter denselben Charakter wie die anderen Künste; wie denn überhaupt damals alle Manifestationen des Lebens aufs wunderbarste mit einander harmonierten. Hier, in der Architektur zeigt sich dieselbe parabolische Tendenz wie in der Dichtkunst. Wenn wir jetzt in einen alten Dom treten, ahnen wir kaum mehr den esoterischen Sinn seiner steinernen Symbolik. Nur der Gesamteindruck dringt uns unmittelbar ins Gemüt. Wir fühlen hier die Erhebung des Geistes und die Zertretung des Fleisches. Das Innere des Doms selbst ist ein hohles Kreuz und wir wandeln da im Werkzeuge des Martyrtums selbst; die bunten Fenster werfen auf uns ihre roten und grünen Lichter, wie Blutstropfen und Eiter; Sterbelieder umwimmern uns; unter unseren Füßen Leichensteine und Verwesung; und mit den kolossalen Pfeilern strebt der Geist in die Höhe, sich schmerzlich losreißend von dem Leib, der wie ein müdes Gewand zu Boden sinkt. Wenn man sie von außen erblickt diese gotischen Dome, diese ungeheuren Bauwerke, die so luftig, so fein, so zierlich, so durchsichtig gearbeitet sind, daß man sie für ausgeschnitzelt, daß man sie für Brabanter Spitzen von Marmor halten sollte: dann fühlt man erst recht die Gewalt jener Zeit, die selbst den Stein so zu bewältigen wußte, daß er fast gespenstisch durchgeistet erscheint, daß sogar diese härteste Materie den christlichen Spiritualismus ausspricht.

Aber die Künste sind nur der Spiegel des Lebens, und wie im Leben der Katholizismus erlosch, so verhallte und erblich er auch in der Kunst. Zur Zeit der Reformation schwand allmählich die katholische Poesie in Europa, und an ihrer Stelle sehen wir die längst abgestorbene griechische Poesie wieder aufleben. Es war freilich nur ein künstlicher Frühling, ein Werk des Gärtners und nicht der Sonne, und die Bäume und Blumen steckten in engen Töpfen, und ein Glashimmel schützte sie vor Kälte und Nordwind.

In der Weltgeschichte ist nicht jedes Ereignis die unmittelbare Folge eines anderen, alle Ereignisse bedingen sich vielmehr wechselseitig. Keineswegs bloß durch die griechischen Gelehrten, die nach der Eroberung von Byzanz zu uns herüber emigriert, ist die Liebe für das Griechentum und die Sucht es nachzuahmen bei uns allgemein geworden: sondern auch in der Kunst wie im Leben regte sich ein gleichzeitiger Protestantismus; Leo X., der prächtige Mediceer, war ein eben so eifriger Protestant wie Luther; und wie man zu Wittenberg in lateinischer Prosa protestierte, so protestierte man zu Rom in Stein, Farbe und Ottaverime. Oder bilden die marmornen Kraftgestalten des Michelangelo, die lachenden Nymphengesichter des Giulio Romano, und die lebenstrunkene Heiterkeit in den Versen des Meisters Ludovico nicht einen protestierenden Gegensatz zu dem altdüstern abgehärmten Katholizismus? Die Maler Italiens polemisierten gegen das Pfaffentum vielleicht weit wirksamer als die sächsischen Theologen. Das blühende Fleisch auf den Gemälden des Tizian, das ist alles Protestantismus. Die Lenden seiner Venus sind viel gründlichere Thesen, als die welche der deutsche Mönch an die Kirchentüre von Wittenberg angeklebt. – Es war damals als hätten die Menschen sich plötzlich erlöst gefühlt von tausendjährigem Zwang; besonders die Künstler atmeten wieder frei, als ihnen der Alp des Christentums von der Brust gewälzt schien; enthusiastisch stürzten sie sich in das Meer griechischer Heiterkeit, aus dessen Schaum ihnen wieder die Schönheitsgöttinnen entgegentauchten; die Maler malten wieder die ambrosische Freude des Olymps; die Bildhauer meißelten wieder mit alter Lust die alten Heroen aus dem Marmorblock hervor; die Poeten besangen wieder das Haus des Atreus und des Lajos; es entstand die Periode der neu-klassischen Poesie.

Wie sich in Frankreich unter Ludwig XIV. das moderne Leben am vollendetsten ausgebildet: so gewann hier jene neu-klassische Poesie ebenfalls eine ausgebildete Vollendung, ja gewissermaßen eine selbständige Originalität. Durch den politischen Einfluß des großen Königs verbreitete sich diese neu-klassische Poesie im übrigen Europa; in Italien wo sie schon einheimisch geworden war, erhielt sie ein französisches Kolorit; mit den Anjous kamen auch die Helden der französischen Tragödie nach Spanien; sie gingen nach England mit Madame Henriette; und wir Deutschen, wie sich von selbst versteht, wir bauten dem gepuderten Olymp von Versailles unsere tölpischen Tempel. Der berühmteste Oberpriester derselben war Gottsched, jene große Allongeperücke, die unser teurer Goethe in seinen Memoiren so trefflich beschrieben hat.

Lessing war der literarische Arminius der unser

Theater von jener Fremdherrschaft befreite. Er zeigte uns die Nichtigkeit, die Lächerlichkeit, die Abgeschmacktheit jener Nachahmungen des französischen Theaters, das selbst wieder dem griechischen nachgeahmt schien. Aber nicht bloß durch seine Kritik, sondern auch durch seine eignen Kunstwerke, ward er der Stifter der neuern deutschen Originalliteratur. Alle Richtungen des Geistes, alle Seiten des Lebens, verfolgte dieser Mann mit Enthusiasmus und Uneigennützigkeit. Kunst, Theologie, Altertumswissenschaft, Dichtkunst, Theaterkritik, Geschichte, alles trieb er mit demselben Eifer und zu demselben Zwecke. In allen seinen Werken lebt dieselbe große soziale Idee, dieselbe fortschreitende Humanität, dieselbe Vernunftreligion, deren Johannes er war und deren Messias wir noch erwarten. Diese Religion predigte er immer, aber leider oft ganz allein und in der Wüste. Und dann fehlte ihm auch die Kunst den Stein in Brot zu verwandeln; er verbrachte den größten Teil seines Lebens in Armut und Drangsal; das ist ein Fluch, der fast auf allen großen Geistern der Deutschen lastet, und vielleicht erst durch die politische Befreiung getilgt wird. Mehr als man ahnte war Lessing auch politisch bewegt, eine Eigenschaft die wir bei seinen Zeitgenossen gar nicht finden; wir merken jetzt erst was er mit der Schilderung des Duodezdespotismus in »Emilia Galotti« gemeint hat. Man hielt ihn damals nur für einen Champion der Geistesfreiheit und Bekämpfer der klerikalen Intoleranz; denn seine theologischen Schriften verstand man schon besser. Die Fragmente »über Erziehung des Menschengeschlechts«, welche Eugène Rodrigues ins Französische übersetzt hat, können vielleicht den Franzosen von der umfassenden Weite des Lessingschen Geistes einen Begriff geben. Die beiden kritischen Schriften welche den meisten Einfluß auf die Kunst ausgeübt, sind seine »hamburgische Dramaturgie« und sein »Laokoon, oder über die Grenzen der Malerei und Poesie«. Seine ausgezeichneten Theaterstücke sind: »Emilia Galotti«, »Minna von Barnhelm« und »Nathan der Weise«.

Gotthold Ephraim Lessing ward geboren zu Kamenz in der Lausitz den 22sten Januar 1729, und starb zu Braunschweig den 15ten Februar 1781. Er war ein ganzer Mann, der, wenn er mit seiner Polemik das Alte zerstörend bekämpfte, auch zu gleicher Zeit selber etwas Neues und Besseres schuf; er glich, sagt ein deutscher Autor, jenen frommen Juden, die beim zweiten Tempelbau von den Angriffen der Feinde oft gestört wurden, und dann mit der einen Hand gegen diese kämpften, und mit der anderen Hand am Gotteshause weiter bauten. Es ist hier nicht die Stelle wo ich mehr von Lessing sagen dürfte; aber ich kann nicht umhin zu bemerken, daß er in der ganzen Literaturgeschichte derjenige Schriftsteller ist, den ich am meisten liebe. Noch eines anderen Schriftstellers, der in demselben Geiste und zu demselben Zwecke wirkte und Lessings nächster Nachfolger genannt werden kann, will ich hier erwähnen; seine Würdigung gehört freilich ebenfalls nicht hierher, wie er denn überhaupt in der Literaturgeschichte einen ganz einsamen Platz einnimmt und sein Verhältnis zu Zeit und Zeitgenossen noch immer nicht bestimmt ausgesprochen werden kann. Es ist Johann Gottfried Herder, geboren 1744 zu Mohrungen in Ostpreußen und gestorben zu Weimar in Sachsen im Jahr 1803.

Die Literaturgeschichte ist die große Morgue wo jeder seine Toten aufsucht, die er liebt oder womit er verwandt ist. Wenn ich da unter so vielen unbedeutenden Leichen den Lessing oder den Herder sehe mit ihren erhabenen Menschengesichtern, dann pocht mir das Herz. Wie dürfte ich vorübergehen, ohne Euch flüchtig die blassen Lippen zu küssen!

Wenn aber Lessing die Nachahmerei des französischen Aftergriechentums gar mächtig zerstörte, so hat er doch selbst, eben durch seine Hinweisung auf die wirklichen Kunstwerke des griechischen Altertums, gewissermaßen einer neuen Art törichter Nachahmungen Vorschub geleistet. Durch seine Bekämpfung des religiösen Aberglaubens beförderte er sogar die nüchterne Aufklärungssucht, die sich zu Berlin breit machte, und im seligen Nicolai ihr Hauptorgan und in der »allgemeinen deutschen Bibliothek« ihr Arsenal besaß. Die kläglichste Mittelmäßigkeit begann damals, widerwärtiger als je, ihr Wesen zu treiben, und das Läppische und Leere blies sich auf, wie der Frosch in der Fabel.

Man irrt sehr wenn man etwa glaubt, daß Goethe, der damals schon aufgetaucht, bereits allgemein anerkannt gewesen sei. Sein »Götz von Berlichingen« und sein »Werther« waren mit Begeisterung aufgenommen worden, aber die Werke der gewöhnlichsten Stümper waren es nicht minder, und man gab Goethen nur eine kleine Nische in dem Tempel der Literatur. Nur den »Götz«

und den »Werther« hatte das Publikum, wie gesagt, mit Begeisterung aufgenommen, aber mehr wegen des Stoffes als wegen ihrer artistischen Vorzüge, die fast niemand in diesen Meisterwerken zu schätzen verstand. Der »Götz« war ein dramatisierter Ritterroman und diese Gattung liebte man damals. In dem »Werther« sah man nur die Bearbeitung einer wahren Geschichte, die des jungen Jerusalem, eines Jünglings der sich aus Liebe totgeschossen, und dadurch in jener windstillen Zeit einen sehr starken Lärm gemacht; man las mit Tränen seine rührenden Briefe; man bemerkte scharfsinnig, daß die Art, wie Werther aus einer adeligen Gesellschaft entfernt worden, seinen Lebensüberdruß gesteigert habe; die Frage über den Selbstmord gab dem Buche noch mehr Besprechung; einige Narren verfielen auf die Idee sich bei dieser Gelegenheit ebenfalls tot zu schießen; das Buch machte, durch seinen Stoff, einen bedeutenden Knalleffekt. Die Romane von August Lafontaine wurden jedoch eben so gern gelesen, und da dieser unaufhörlich schrieb, so war er berühmter als Wolfgang Goethe. Wieland war der damalige große Dichter mit dem es etwa nur der Herr Odendichter Ramler zu Berlin in der Poesie aufnehmen konnte. Abgöttisch wurde Wieland verehrt, mehr als jemals Goethe. Das Theater beherrschte Iffland mit seinen bürgerlich larmoyanten Dramen und Kotzebue mit seinen banal witzigen Possen.

Diese Literatur war es wogegen sich, während den letzten Jahren des vorigen Jahrhunderts, eine Schule in Deutschland erhob, die wir die romantische genannt, und als deren Gerants sich uns die Herren August

Wilhelm und Friedrich Schlegel präsentiert haben. Jena, wo sich diese beiden Brüder nebst vielen gleichgestimmten Geistern auf und zu befanden, war der Mittelpunkt, von wo aus die neue ästhetische Doktrin sich verbreitete. Ich sage Doktrin, denn diese Schule begann mit Beurteilung der Kunstwerke der Vergangenheit und mit dem Rezept zu den Kunstwerken der Zukunft. In diesen beiden Richtungen hat die Schlegelsche Schule große Verdienste um die ästhetische Kritik. Bei der Beurteilung der schon vorhandenen Kunstwerke wurden entweder ihre Mängel und Gebrechen nachgewiesen, oder ihre Vorzüge und Schönheiten beleuchtet. In der Polemik, in jenem Aufdecken der artistischen Mängel und Gebrechen, waren die Herren Schlegel durchaus die Nachahmer des alten Lessings, sie bemächtigten sich seines großen Schlachtschwerts; nur war der Arm des Herren August Wilhelm Schlegel viel zu zart schwächlich und das Auge seines Bruders Friedrich viel zu mystisch umwölkt, als daß jener so stark und dieser so scharftreffend zuschlagen konnte wie Lessing. In der reproduzierten Kritik aber, wo die Schönheiten eines Kunstwerks veranschaulicht werden, wo es auf ein feines Herausfühlen der Eigentümlichkeiten ankam, wo diese zum Verständnis gebracht werden mußten, da sind die Herren Schlegel dem alten Lessing ganz überlegen. Was soll ich aber von ihren Rezepten für anzufertigende Meisterwerke sagen! Da offenbarte sich bei den Herren Schlegel eine Ohnmacht, die wir ebenfalls bei Lessing zu finden glauben. Auch dieser, so stark er im Verneinen ist, so schwach ist er im Bejahen, selten kann er ein Grundprinzip aufstellen, noch seltener ein richtiges. Es fehlt ihm der feste Boden einer Philosophie, eines philosophischen Systems. Dieses ist nun bei den Herren Schlegel in noch viel trostloserem Grade der Fall. Man fabelt mancherlei von dem Einfluß des Fichteschen Idealismus und der Schellingschen Naturphilosophie auf die romantische Schule, die man sogar ganz daraus hervorgehen läßt. Aber ich sehe hier höchstens nur den Einfluß einiger Fichteschen und Schellingschen Gedankenfragmente, keineswegs den Einfluß einer Philosophie. Herr Schelling, der damals in Jena dozierte, hat aber jedenfalls persönlich großen Einfluß auf die romantische Schule ausgeübt; er ist, was man in Frankreich nicht weiß, auch ein Stück Poet, und es heißt, er sei noch zweifelhaft, ob er nicht seine sämtlichen philosophischen Lehren in einem poetischen, ja metrischen Gewande herausgeben solle. Dieser Zweifel charakterisiert den Mann.

Wenn aber die Herren Schlegel für die Meisterwerke, die sie sich bei den Poeten ihrer Schule bestellten, keine feste Theorie angeben konnten, so ersetzten sie diesen Mangel dadurch, daß sie die besten Kunstwerke der Vergangenheit als Muster anpriesen und ihren Schülern zugänglich machten. Dieses waren nun hauptsächlich die Werke der christlich-katholischen Kunst des Mittelalters. Die Übersetzung des Shakespeares, der an der Grenze dieser Kunst steht und schon protestantisch klar in unsere moderne Zeit hereinlächelt, war nur zu polemischen Zwecken bestimmt, deren Besprechung hier zu weitläuftig wäre. Auch ward diese Übersetzung von Herrn A. W. Schlegel unternommen, zu einer Zeit als man sich noch nicht ganz ins Mittelalter zurück enthusiasmiert hatte. Später, als dieses geschah, ward der Calderon übersetzt und weit über den Shakespeare angepriesen; denn bei jenem fand man die Poesie des Mittelalters am reinsten ausgeprägt, und zwar in ihren beiden Hauptmomenten Rittertum und Mönchstum. Die frommen Komödien des kastilianischen Priesterdichters, dessen poetische Blumen mit Weihwasser besprengt und kirchlich geräuchert sind, wurden jetzt nachgebildet, mit all ihrer heiligen Grandezza, mit all ihrem sazerdotalen Luxus, mit all ihrer gebenedeiten Tollheit; und in Deutschland erblühten nun jene buntgläubigen, närrisch tiefsinnigen Dichtungen, in welchen man sich mystisch verliebte, wie in der »Andacht zum Kreuz«, oder zur Ehre der Muttergottes schlug, wie im »Standhaften Prinzen«; und Zacharias Werner trieb das Ding so weit wie man es nur treiben konnte, ohne von Obrigkeitswegen in ein Narrenhaus eingesperrt zu werden.

Unsere Poesie, sagten die Herren Schlegel, ist alt, unsere Muse ist ein altes Weib mit einem Spinnrocken, unser Amor ist kein blonder Knabe, sondern ein verschrumpfter Zwerg mit grauen Haaren, unsere Gefühle sind abgewelkt, unsere Phantasie ist verdorrt: wir müssen uns erfrischen, wir müssen die verschütteten Quellen der naiven, einfältiglichen Poesie des Mittelalters wieder aufsuchen, da sprudelt uns entgegen der Trank der Verjüngung. Das ließ sich das trockne dürre Volk nicht zweimal sagen; besonders die armen Dursthälse, die im märkschen Sande saßen, wollten wieder blühend und jugendlich werden, und sie stürzten nach jenen Wunderquellen, und das soff und schlürfte und schlükkerte mit übermäßiger Gier. Aber es erging ihnen wie der alten Kammerjungfer, von welcher man folgendes erzählt: sie hatte bemerkt, daß ihre Dame ein Wunderelixier besaß, das die Jugend wiederherstellt; in Abwesenheit der Dame nahm sie nun aus deren Toilette das Fläschchen, welches jenes Elixier enthielt, statt aber nur einige Tropfen zu trinken, tat sie einen so großen, langen Schluck, daß sie durch die höchstgesteigerte Wunderkraft des verjüngenden Tranks, nicht bloß wieder jung, sondern gar zu einem ganz kleinen Kinde wurde. Wahrlich, so ging es namentlich unserem vortrefflichen Herrn Tieck, einem der besten Dichter der Schule; er hatte von den Volksbüchern und Gedichten des Mittelalters so viel eingeschluckt, daß er fast wieder ein Kind wurde, und zu jener lallenden Einfalt herabblühte, die Frau v. Staël so sehr viele Mühe hatte zu bewundern. Sie gesteht selber, daß es ihr kurios vorkomme, wenn eine Person in einem Drama mit einem Monolog debütiert, welcher mit den Worten anfängt:

Ich bin der wackere Bonifazius, und ich komme Euch zu sagen usw.

Herr Ludwig Tieck hat durch seinen Roman »Sternbalds Wanderungen« und durch die von ihm herausgegebenen und von einem gewissen Wackenroder geschriebenen »Herzensergießungen eines kunstliebenden Klosterbruders« auch den bildenden Künstlern die naiven, rohen Anfänge der Kunst als Muster dargestellt. Die Frömmigkeit und Kindlichkeit dieser Werke, die sich eben in ihrer technischen Unbeholfenheit kund geben, wurde zur Nachahmung empfohlen. Von Raphael wollte man nichts mehr wissen, kaum einmal von seinem Lehrer Perugino, den man freilich schon höher schätzte, und in welchem man noch Reste jener Vortrefflichkeiten entdeckte, deren ganze Fülle man in den unsterblichen Meisterwerken des Fra Giovanni Angelico da Fiesole so andachtsvoll bewunderte. Will man sich hier einen Begriff von dem Geschmacke der damaligen Kunstenthusiasten machen, so muß man nach dem Louvre gehen, wo noch die besten Gemälde jener Meister hängen, die man damals unbedingt verehrte; und will man sich einen Begriff von dem großen Haufen der Poeten machen, die damals in allen möglichen Versarten die Dichtungen des Mittelalters nachahmten, so muß man nach dem Narrenhaus zu Charenton gehn.

Aber ich glaube jene Bilder im ersten Saale des Louvre sind noch immer viel zu graziös, als daß man sich dadurch einen Begriff von dem damaligen Kunstgeschmack machen könnte. Man muß sich diese altitalienischen Bilder noch obendrein ins Altdeutsche übersetzt denken. Denn man erachtete die Werke der altdeutschen Maler für noch weit einfältiglicher und kindlicher und also nachahmungswürdiger als die altitalienischen. Denn die Deutschen vermögen ja, hieß es, mit ihrem Gemüt (ein Wort wofür die französische Sprache keinen Ausdruck hat) das Christentum tiefer aufzufassen als andere Nationen, und Friedrich Schlegel und sein Freund Herr Joseph Görres, wühlten in den alten Städten am Rhein nach den Resten altdeutscher Gemälde und Bildwerke, die man, gleich heiligen Reliquien, blindgläubig verehrte.

Ich habe eben den deutschen Parnaß jener Zeit mit Charenton verglichen. Ich glaube aber auch hier habe ich viel zu wenig gesagt. Ein französischer Wahnsinn ist noch lange nicht so wahnsinnig wie ein deutscher; denn in diesem, wie Polonius sagen würde, ist Methode. Mit einer Pedanterie ohne Gleichen, mit einer entsetzlichen Gewissenhaftigkeit, mit einer Gründlichkeit, wovon sich ein oberflächlicher französischer Narr nicht einmal einen Begriff machen kann, trieb man jene deutsche Tollheit.

Der politische Zustand Deutschlands war der christlich altdeutschen Richtung noch besonders günstig. Not lehrt beten, sagt das Sprüchwort, und wahrlich nie war die Not in Deutschland größer, und daher das Volk dem Beten, der Religion, dem Christentum, zugänglicher als damals. Kein Volk hegt mehr Anhänglichkeit für seine Fürsten wie das deutsche, und mehr noch als der traurige Zustand worin das Land durch den Krieg und die Fremdherrschaft geraten, war es der jammervolle Anblick ihrer besiegten Fürsten, die sie zu den Füßen Napoleons kriechen sahen, was die Deutschen aufs unleidlichste betrübte; das ganze Volk glich jenen treuherzigen alten Dienern in großen Häusern, die alle Demütigungen, welche ihre gnädige Herrschaft erdulden muß, noch tiefer empfinden als diese selbst, und die im Verborgenen ihre kummervollsten Tränen weinen wenn etwa das herrschaftliche Silberzeug verkauft werden soll, und die sogar ihre ärmlichen Ersparnisse heimlich dazu verwenden, daß nicht bürgerliche Talglichter statt adliger Wachskerzen auf die herrschaftliche Tafel gesetzt werden; wie wir solches, mit hinlänglicher Rührung, in den alten Schauspielen sehen. Die allgemeine Betrübnis fand Trost in der Religion, und es entstand ein pietistisches Hingeben in den Willen Gottes, von welchem allein die Hülfe erwartet wurde. Und in der Tat, gegen den Napoleon konnte auch gar kein anderer helfen als der liebe Gott selbst. Auf die weltlichen Heerscharen war nicht mehr zu rechnen, und man mußte vertrauungsvoll den Blick nach dem Himmel wenden.

Wir hätten auch den Napoleon ganz ruhig ertragen. Aber unsere Fürsten, während sie hofften durch Gott von ihm befreit zu werden, gaben sie auch zugleich dem Gedanken Raum, daß die zusammengefaßten Kräfte ihrer Völker dabei sehr mitwirksam sein möchten: man suchte in dieser Absicht den Gemeinsinn unter den Deutschen zu wecken, und sogar die allerhöchsten Personen sprachen jetzt von deutscher Volkstümlichkeit, vom gemeinsamen deutschen Vaterlande, von der Vereinigung der christlich germanischen Stämme, von der Einheit Deutschlands. Man befahl uns den Patriotismus und wir wurden Patrioten; denn wir tun alles was uns unsere Fürsten befehlen. Man muß sich aber unter diesem Patriotismus nicht dasselbe Gefühl denken, das hier in Frankreich diesen Namen führt. Der Patriotismus des Franzosen besteht darin, daß sein Herz erwärmt wird, durch diese Wärme sich ausdehnt, sich erweitert, daß es nicht mehr bloß die nächsten Angehörigen, sondern ganz Frankreich, das ganze Land der Zivilisation, mit seiner Liebe umfaßt; der Patriotismus des Deutschen hingegen besteht darin, daß sein Herz enger wird, daß es sich zusammenzieht wie Leder in der Kälte, daß er das Fremdländische haßt, daß er nicht mehr Weltbürger, nicht mehr Europäer, sondern nur ein enger Deutscher sein will. Da sahen wir nun das idealische Flegeltum, das Herr Jahn in System gebracht; es begann die schäbige, plumpe, ungewaschene Opposition gegen eine Gesinnung die eben das Herrlichste und Heiligste ist, was Deutschland hervorgebracht hat, nämlich gegen jene Humanität, gegen jene allgemeine Menschen-Verbrüderung, gegen jenen Kosmopolitismus, dem unsere großen Geister, Lessing, Herder, Schiller, Goethe, Jean Paul, dem alle Gebildeten in Deutschland immer gehuldigt haben.

Was sich bald darauf in Deutschland ereignete, ist Euch allzuwohl bekannt. Als Gott, der Schnee und die Kosaken die besten Kräfte des Napoleon zerstört hatten, erhielten wir Deutsche den allerhöchsten Befehl uns vom fremden Joche zu befreien, und wir loderten auf in männlichem Zorn ob der allzulang ertragenen Knechtschaft, und wir begeisterten uns durch die guten Melodien und schlechten Verse der Körnerschen Lieder, und wir erkämpften die Freiheit; denn wir tun alles was uns von unseren Fürsten befohlen wird.

In der Periode wo dieser Kampf vorbereitet wurde, mußte eine Schule, die dem französischen Wesen feindlich gesinnt war, und alles deutsch Volkstümliche in Kunst und Leben hervorrühmte, ihr trefflichstes Gedeihen finden. Die romantische Schule ging damals Hand in Hand mit dem Streben der Regierungen und der geheimen Gesellschaften, und Herr A. W. Schlegel konspirierte gegen Racine zu demselben Ziel, wie der Minister Stein gegen Napoleon konspirierte. Die Schule schwamm mit dem Strom der Zeit, nämlich mit dem Strom, der nach seiner Quelle zurückströmte. Als endlich der deutsche Patriotismus und die deutsche Nationalität vollständig siegte, triumphierte auch definitiv die volkstümlich germanisch christlich romantische Schule, die »neu-deutsch-religiös-patriotische Kunst«. Napoleon, der große Klassiker, der so klassisch wie Alexander und Cäsar, stürzte zu Boden, und die Herren August Wilhelm und Friedrich Schlegel, die kleinen Romantiker, die ebenso romantisch wie das Däumchen und der gestiefelte Kater, erhoben sich als Sieger.

Aber auch hier blieb jene Reaktion nicht aus, welche jeder Übertreibung auf dem Fuße folgt. Wie das spiritualistische Christentum eine Reaktion gegen die brutale Herrschaft des imperial römischen Materialismus war; wie die erneuerte Liebe zur heiter griechischen Kunst und Wissenschaft als eine Reaktion gegen den bis zur blödsinnigsten Abtötung ausgearteten christlichen Spiritualismus zu betrachten ist; wie die Wiedererweckung der mittelalterlichen Romantik ebenfalls für eine Reaktion gegen die nüchterne Nachahmerei der antiken, klassischen Kunst gelten kann: so sehen wir jetzt auch eine Reaktion gegen die Wiedereinführung jener katholisch feudalistischen Denkweise, jenes Rittertums und Pfaffentums, das in Bild und Wort gepredigt worden und unter höchst befremdlichen Umständen. Als nämlich die alten Künstler des Mittelalters, die empfohlenen Muster, so hoch gepriesen und bewundert standen, hatte man ihre Vortrefflichkeit nur dadurch zu erklären gewußt, daß diese Männer an das Thema glaubten, welches sie darstellten, daß sie in ihrer kunstlosen Einfalt mehr leisten konnten als die späteren glaubenslosen Meister, die es im Technischen viel weiter gebracht, daß der Glauben in ihnen Wunder getan; – und in der Tat, wie konnte man die Herrlichkeiten eines Fra Angelico da Fiesole oder das Gedicht des Bruders Otfried anders erklären! Die Künstler allnun, die es mit der Kunst ernsthaft meinten, und die gottvolle Schiefheit jener Wundergemälde und die heilige Unbeholfenheit jener Wundergedichte, kurz das unerklärbar Mystische der alten Werke nachahmen wollten: diese entschlossen sich zu derselben Hippokrene zu wandern, wo auch die alten Meister ihre mirakulöse Begeisterung geschöpft; sie pilgerten nach Rom, wo der Statthalter Christi, mit der Milch seiner Eselin, die schwindsüchtige deutsche Kunst wieder stärken sollte; mit einem Worte, sie begaben sich in den Schoß der alleinseligmachenden römisch katholisch apostolischen Kirche. Bei mehren Anhängern der romantischen Schule bedurfte es keines formellen Übergangs, sie waren Katholiken von Geburt, z. B. Herr Görres und Herr Clemens Brentano, und sie entsagten nur ihren bisherigen freigeistigen Ansichten. Andere aber waren im Schoße der protestantischen Kirche geboren und erzogen, z. B. Friedrich Schlegel, Herr Ludwig Tieck, Novalis, Werner, Schütz, Carové, Adam Müller usw., und ihr Übertritt zum Katholizismus bedurfte eines öffentlichen Akts. Ich habe hier nur Schriftsteller erwähnt; die Zahl der Maler, die scharenweis das evangelische Glaubensbekenntnis und die Vernunft abschworen, war weit größer.

Wenn man nun sah wie diese jungen Leute vor der

römisch katholischen Kirche gleichsam Queue machten, und sich in den alten Geisteskerker wieder hineindrängten, aus welchem ihre Väter sich mit so vieler Kraft befreit hatten: da schüttelte man in Deutschland sehr bedenklich den Kopf. Als man aber entdeckte, daß eine Propaganda von Pfaffen und Junkern, die sich gegen die religiöse und politische Freiheit Europas verschworen, die Hand im Spiele hatte, daß es eigentlich der Jesuitismus war, welcher, mit den süßen Tönen der Romantik, die deutsche Jugend so verderblich zu verlocken wußte, wie einst der fabelhafte Rattenfänger die Kinder von Hameln: da entstand großer Unmut und auflodernder Zorn unter den Freunden der Geistesfreiheit und des Protestantismus in Deutschland.

Ich habe Geistesfreiheit und Protestantismus zusammen genannt; ich hoffe aber, daß man mich, obgleich ich mich in Deutschland zur protestantischen Kirche bekenne, keiner Parteilichkeit für letztere beschuldigen wird. Wahrlich, ohne alle Parteilichkeit habe ich Geistesfreiheit und Protestantismus zusammen genannt; und in der Tat, es besteht in Deutschland ein freundschaftliches Verhältnis zwischen beiden. Auf jeden Fall sind sie beide verwandt und zwar wie Mutter und Tochter. Wenn man auch der protestantischen Kirche manche fatale Engsinnigkeit vorwirft, so muß man doch zu ihrem unsterblichen Ruhme bekennen: indem durch sie die freie Forschung in der christlichen Religion erlaubt und die Geister vom Joche der Autorität befreit wurden, hat die freie Forschung überhaupt in Deutschland Wurzel schlagen und die Wissenschaft sich selbständig entwickeln können. Die deutsche Philosophie, obgleich sie sich jetzt neben die protestantische Kirche stellt, ja sich über sie heben will, ist doch immer nur ihre Tochter; als solche ist sie immer in Betreff der Mutter zu einer schonenden Pietät verpflichtet; und die Verwandtschaftsinteressen verlangten es, daß sie sich verbündeten, als sie beide von der gemeinschaftlichen Feindin, von dem Jesuitismus, bedroht waren. Alle Freunde der Gedankenfreiheit und der protestantischen Kirche, Skeptiker wie Orthodoxe, erhoben sich zu gleicher Zeit gegen die Restauratoren des Katholizismus; und wie sich von selbst versteht, die Liberalen, welche nicht eigentlich für die Interessen der Philosophie oder der protestantischen Kirche, sondern für die Interessen der bürgerlichen Freiheit besorgt waren, traten ebenfalls zu dieser Opposition. Aber in Deutschland waren die Liberalen bis jetzt auch immer zugleich Schulphilosophen und Theologen und es ist immer dieselbe Idee der Freiheit wofür sie kämpfen, sie mögen nun ein rein politisches oder ein philosophisches oder ein theologisches Thema behandeln. Dieses zeigt sich am offenbarsten in dem Leben des Mannes, der die romantische Schule in Deutschland schon bei ihrer Entstehung untergraben und jetzt am meisten dazu beigetragen hat sie zu stürzen. Es ist Johann Heinrich Voß.

Dieser Mann ist in Frankreich gar nicht bekannt, und doch gibt es wenige, denen das deutsche Volk, in Hinsicht seiner geistigen Ausbildung, mehr verdankt als eben ihm. Er ist vielleicht, nach Lessing, der größte Bürger in der deutschen Literatur. Jedenfalls war er ein großer Mann und er verdient, daß ich nicht allzukärglichen Wortes ihn bespreche.

Die Biographie des Mannes ist fast die aller deutschen Schriftsteller der alten Schule. Er wurde geboren im Jahre 1751, im Mecklenburgischen, von armen Eltern, studierte Theologie, vernachlässigte sie als er die Poesie und die Griechen kennen lernte, beschäftigte sich ernsthaft mit diesen beiden, gab Unterricht um nicht zu verhungern, wurde Schulmeister zu Otterndorf im Lande Hadeln, übersetzte die Alten, und lebte arm, frugal und arbeitsam bis in sein fünfundsiebenzigstes Jahr. Er hatte einen ausgezeichneten Namen unter den Dichtern der alten Schule; aber die neuen romantischen Poeten zupften beständig an seinem Lorbeer, und spöttelten viel über den altmodischen ehrlichen Voß, der in treuherziger, manchmal sogar plattdeutscher Sprache das kleinbürgerliche Leben an der Niederelbe besungen, der keine mittelalterlichen Ritter und Madonnen, sondern einen schlichten protestantischen Pfarrer und seine tugendhafte Familie zu Helden seiner Dichtungen wählte, und der so kerngesund und bürgerlich und natürlich war, während sie, die neuen Troubadouren, so somnambülisch kränklich, so ritterlich vornehm und so genial unnatürlich waren. Dem Friedrich Schlegel, dem berauschten Sänger der liederlich romantischen »Lucinde«, wie fatal mußte er ihm sein, dieser nüchterne Voß mit seiner keuschen Luise und seinem alten ehrwürdigen Pfarrer von Grünau! Herr August Wilhelm Schlegel, der es mit der Liederlichkeit und dem Katholizismus nie so ehrlich gemeint hat wie sein Bruder, der konnte schon mit dem alten Voß viel besser harmonieren, und es bestand zwischen beiden eigentlich nur eine Übersetzer-Rivalität, die übrigens für die deutsche

Sprache von großem Nutzen war. Voß hatte schon vor Entstehung der neuen Schule den Homer übersetzt, jetzt übersetzte er, mit unerhörtem Fleiß, auch die übrigen heidnischen Dichter des Altertums; während Herr A. W. Schlegel die christlichen Dichter der romantisch katholischen Zeit übersetzte. Beider Arbeiten wurden bestimmt durch die versteckt polemische Absicht: Voß wollte die klassische Poesie und Denkweise durch seine Übersetzungen befördern; während Herr A. W. Schlegel die christlich-romantischen Dichter in guten Übersetzungen dem Publikum, zur Nachahmung und Bildung, zugänglich machen wollte. Ja, der Antagonismus zeigte sich sogar in den Sprachformen beider Übersetzer. Während Herr Schlegel immer süßlicher und zimperlicher seine Worte glättete, wurde Voß in seinen Übersetzungen immer herber und derber, die späteren sind durch die hineingefeilten Rauheiten fast unaussprechbar: so daß, wenn man auf dem blank polierten schlüpfrigen Mahagoni-Parkett der Schlegelschen Verse leicht ausglitschte, so stolperte man eben so leicht über die versifizierten Marmorblöcke des alten Voß. Endlich, aus Rivalität, wollte letzterer auch den Shakespeare übersetzen, welchen Herr Schlegel in seiner ersten Periode so vortrefflich ins Deutsche übertragen; aber das bekam dem alten Voß sehr schlecht und seinem Verleger noch schlimmer; die Übersetzung mißlang ganz und gar. Wo Herr Schlegel vielleicht zu weich übersetzt, wo seine Verse manchmal wie geschlagene Sahne sind, wobei man nicht weiß, wenn man sie zu Munde führt, ob man sie essen oder trinken soll: da ist Voß hart wie Stein, und man muß fürchten, sich die Kinnlade zu zerbrechen wenn man seine Verse ausspricht. Aber was eben den Voß so gewaltig auszeichnete, das ist die Kraft womit er gegen alle Schwierigkeiten kämpfte; und er kämpfte nicht bloß mit der deutschen Sprache, sondern auch mit jenem jesuitisch aristokratischen Ungetüm, das damals aus dem Walddunkel der deutschen Literatur sein mißgestaltetes Haupt hervorreckte; und Voß schlug ihm eine tüchtige Wunde.

Herr Wolfgang Menzel, ein deutscher Schriftsteller welcher als einer der bittersten Gegner von Voß bekannt ist, nennt ihn einen niedersächsischen Bauern. Trotz der schmähenden Absicht ist doch diese Benennung sehr treffend. In der Tat, Voß ist ein niedersächsischer Bauer, so wie Luther es war; es fehlte ihm alles Chevalereske, alle Courtoisie, alle Graziösität; er gehörte ganz zu jenem derbkräftigen, starkmännlichen Volksstamme, dem das Christentum mit Feuer und Schwert gepredigt werden mußte, der sich erst nach drei verlorenen Schlachten dieser Religion unterwarf, der aber immer noch, in seinen Sitten und Weisen, viel nordisch heidnische Starrheit behalten, und in seinen materiellen und geistigen Kämpfen, so tapfer und hartnäckig sich zeigt wie seine alten Götter. Ja, wenn ich mir den Johann Heinrich Voß in seiner Polemik und in seinem ganzen Wesen betrachte, so ist mir als sähe ich den alten einäugigen Odin selbst, der seine Asenburg verlassen, um Schulmeister zu werden zu Otterndorf im Lande Hadeln, und der da den blonden Holsteinern die lateinischen Deklinationen und den christlichen Katechismus einstudiert, und der in seinen Nebenstunden die griechischen Dichter ins Deutsche übersetzt, und von

Thor den Hammer borgt, um die Verse damit zurecht zu klopfen, und der endlich, des mühsamen Geschäftes überdrüssig, den armen Fritz Stolberg mit dem Hammer auf den Kopf schlägt.

Das war eine famose Geschichte. Friedrich, Graf von Stolberg, war ein Dichter der alten Schule und außerordentlich berühmt in Deutschland, vielleicht minder durch seine poetische Talente als durch den Grafentitel, der damals in der deutschen Literatur viel mehr galt als jetzt. Aber Fritz Stolberg war ein liberaler Mann, von edlem Herzen, und er war ein Freund jener bürgerlichen Jünglinge, die in Göttingen eine poetische Schule stifteten. Ich empfehle den französischen Literaten, die Vorrede zu den Gedichten von Hölty zu lesen, worin Johann Heinrich Voß das idyllische Zusammenleben des Dichterbundes geschildert, wozu er und Fritz Stolberg gehörten. Diese beiden waren endlich allein übrig geblieben von jener jugendlichen Dichterschar. Als nun Fritz Stolberg mit Eclat zur katholischen Kirche überging und Vernunft und Freiheitsliebe abschwor, und ein Beförderer des Obskurantismus wurde, und durch sein vornehmes Beispiel gar viele Schwächlinge nachlockte: da trat Johann Heinrich Voß, der alte siebzigjährige Mann, dem eben so alten Jugendfreunde öffentlich entgegen und schrieb das Büchlein: »Wie ward Fritz Stolberg ein Unfreier?« Er analysierte darin dessen ganzes Leben, und zeigte: wie die aristokratische Natur in dem verbrüderten Grafen immer lauernd verborgen lag; wie sie nach den Ereignissen der französischen Revolution immer sichtbarer hervortrat; wie Stolberg sich der sogenannten Adelskette, die den französischen

Freiheitsprinzipien entgegenwirken wollte, heimlich anschloß; wie diese Adligen sich mit den Jesuiten verbanden; wie man durch die Wiederherstellung des Katholizismus auch die Adelsinteressen zu fördern glaubte; wie überhaupt die Restauration des christkatholischen feudalistischen Mittelalters und der Untergang der protestantischen Denkfreiheit und des politischen Bürgertums betrieben wurden. Die deutsche Demokratie und die deutsche Aristokratie, die sich vor den Revolutionszeiten, als jene noch nichts hoffte und diese noch nichts befürchtete, so unbefangen jugendlich verbrüdert hatten, diese standen sich jetzt als Greise gegenüber und kämpften den Todeskampf.

Der Teil des deutschen Publikums, der die Bedeutung und die entsetzliche Notwendigkeit dieses Kampfes nicht begriffen, tadelte den armen Voß über die unbarmherzige Enthüllung von häuslichen Verhältnissen, von kleinen Lebensereignissen, die aber in ihrer Zusammenstellung ein beweisendes Ganze bildeten. Da gab es nun auch sogenannte vornehme Seelen, die, mit aller Erhabenheit, über engherzige Kleinigkeitskrämerei schrieen und den armen Voß der Klatschsucht bezüchtigten. Andere, Spießbürger, die besorgt waren man möchte von ihrer eigenen Misère auch einmal die Gardine fortziehen, diese eiferten über die Verletzung des literarischen Herkommens, wonach alle Persönlichkeiten, alle Enthüllungen des Privatlebens, streng verboten seien. Als nun Fritz Stolberg in derselben Zeit starb, und man diesen Sterbefall dem Kummer zuschrieb, und gar nach seinem Tode das »Liebesbüchlein« herauskam, worin er, mit frömmelnd christlichem, verzeihendem, echt jesuitischem Tone, über den armen verblendeten Freund sich aussprach: da flossen die Tränen des deutschen Mitleids, da weinte der deutsche Michel seine dicksten Tropfen, und es sammelte sich viel weichherzige Wut gegen den armen Voß, und die meisten Scheltworte erhielt er von eben denselben Menschen, für deren geistiges und weltliches Heil er gestritten.

Überhaupt kann man in Deutschland auf das Mitleid und die Tränendrüsen der großen Menge rechnen, wenn man in einer Polemik tüchtig mißhandelt wird. Die Deutschen gleichen dann jenen alten Weibern, die nie versäumen einer Exekution zuzusehen, die sich da als die neugierigsten Zuschauer vordrängen, beim Anblick des armen Sünders und seiner Leiden aufs bitterste jammern und ihn sogar verteidigen. Diese Klageweiber, die bei literarischen Exekutionen so jammervoll sich gebärden, würden aber sehr verdrießlich sein, wenn der arme Sünder, dessen Auspeitschung sie eben erwarteten, plötzlich begnadigt würde und sie sich, ohne etwas gesehen zu haben, wieder nach Hause trollen müßten. Ihr vergrößerter Zorn trifft dann denjenigen, der sie in ihren Erwartungen getäuscht hat.

Indessen die Vossische Polemik wirkte mächtig auf das Publikum, und sie zerstörte in der öffentlichen Meinung die grassierende Vorliebe für das Mittelalter. Jene Polemik hatte Deutschland aufgeregt, ein großer Teil des Publikums erklärte sich unbedingt für Voß, ein größerer Teil erklärte sich nur für dessen Sache. Es erfolgten Schriften und Gegenschriften, und die letzten Lebenstage des alten Mannes wurden durch diese Händel nicht wenig verbittert. Er hatte es mit den schlimmsten Gegnern zu tun, mit den Pfaffen, die ihn unter allen Vermummungen angriffen. Nicht bloß die Kryptokatholiken, sondern auch die Pietisten, die Quietisten, die lutherischen Mystiker, kurz alle jene supernaturalistischen Sekten der protestantischen Kirche, die untereinander so sehr verschiedene Meinungen hegen, vereinigten sich doch mit gleich großem Haß gegen Johann Heinrich Voß, den Rationalisten. Mit diesem Namen bezeichnet man in Deutschland diejenigen Leute, die der Vernunft auch in der Religion ihre Rechte einräumen, im Gegensatz zu den Supernaturalisten, welche sich da, mehr oder minder, jeder Vernunfterkenntnis entäußert haben. Letztere, in ihrem Hasse gegen die armen Rationalisten, sind wie die Narren eines Narrenhauses, die, wenn sie auch von den entgegengesetztesten Narrheiten befangen sind, dennoch sich einigermaßen leidlich untereinander vertragen, aber mit der grimmigsten Erbitterung gegen denjenigen Mann erfüllt sind, den sie als ihren gemeinschaftlichen Feind betrachten, und der eben kein anderer ist als der Irrenarzt, der ihnen die Vernunft wiedergeben will.

Wurde nun die romantische Schule, durch die Enthüllung der katholischen Umtriebe, in der öffentlichen Meinung zu Grunde gerichtet, so erlitt sie gleichzeitig in ihrem eigenen Tempel einen vernichtenden Einspruch, und zwar aus dem Munde eines jener Götter, die sie selbst dort aufgestellt. Nämlich Wolfgang Goethe trat von seinem Postamente herab und sprach das Verdammnisurteil über die Herren Schlegel, über dieselben Oberpriester, die ihn mit so viel Weihrauch umduftet.

Diese Stimme vernichtete den ganzen Spuk; die Gespenster des Mittelalters entflohen; die Eulen verkrochen sich wieder in die obskuren Burgtrümmer; die Raben flatterten wieder nach ihren alten Kirchtürmen; Friedrich Schlegel ging nach Wien wo er täglich Messe hörte und gebratene Hähndel aß; Herr August Wilhelm Schlegel zog sich zurück in die Pagode des Bramah.

Offen gestanden Goethe hat damals eine sehr zweideutige Rolle gespielt, und man kann ihn nicht unbedingt loben. Es ist wahr, die Herren Schlegel haben es nie ehrlich mit ihm gemeint; vielleicht nur weil sie in ihrer Polemik gegen die alte Schule auch einen lebenden Dichter als Vorbild aufstellen mußten, und keinen geeigneteren fanden als Goethe, auch von diesem einigen literarischen Vorschub erwarteten, bauten sie ihm einen Altar und räucherten ihm und ließen das Volk vor ihm knien. Sie hatten ihn auch so ganz in der Nähe. Von Jena nach Weimar führt eine Allee hübscher Bäume, worauf Pflaumen wachsen, die sehr gut schmecken, wenn man durstig ist von der Sommerhitze; und diesen Weg wanderten die Schlegel sehr oft, und in Weimar hatten sie manche Unterredung mit dem Herren Geheimerat von Goethe, der immer ein sehr großer Diplomat war, und die Schlegel ruhig anhörte, beifällig lächelte, ihnen manchmal zu essen gab, auch sonst einen Gefallen tat usw. Sie hatten sich auch an Schiller gemacht; aber dieser war ein ehrlicher Mann und wollte nichts von ihnen wissen. Der Briefwechsel zwischen ihm und Goethe, der vor drei Jahren gedruckt worden, wirft manches Licht auf das Verhältnis dieser beiden Dichter zu den Schlegeln. Goethe lächelt vornehm über sie hinweg; Schiller ist ärgerlich über ihre impertinente Skandalsucht, über ihre Manier durch Skandal Aufsehen zu machen, und er nennt sie »Laffen«.

Mochte jedoch Goethe immerhin vornehm tun, so hatte er nichts destoweniger den größten Teil seiner Renommee den Schlegeln zu verdanken. Diese haben das Studium seiner Werke eingeleitet und befördert. Die schnöde beleidigende Art, womit er diese beiden Männer am Ende ablehnte, riecht sehr nach Undank. Vielleicht verdroß es aber den tiefschauenden Goethe, daß die Schlegel ihn nur als Mittel zu ihren Zwecken gebrauchen wollten; vielleicht haben ihn, den Minister eines protestantischen Staates, diese Zwecke zu kompromittieren gedroht; vielleicht war es gar der altheidnische Götterzorn, der in ihm erwachte, als er das dumpfe katholische Treiben sah: – denn wie Voß dem starren einäugigen Odin glich, so glich Goethe dem großen Jupiter, in Denkweise und Gestalt. Jener, freilich, mußte mit Thors Hammer tüchtig zuschlagen; dieser brauchte nur das Haupt mit den ambrosischen Locken unwillig zu schütteln, und die Schlegel zitterten, und krochen davon. Ein öffentliches Dokument jenes Einspruchs von Seiten Goethes erschien im zweiten Hefte der Goetheschen Zeitschrift »Kunst und Altertum« und es führt den Titel: »Über die christlich patriotisch neudeutsche Kunst«. Mit diesem Artikel machte Goethe gleichsam seinen 18ten Brümaire in der deutschen Literatur; denn indem er so barsch die Schlegel aus dem Tempel jagte und viele ihrer eifrigsten Jünger an seine eigne Person heranzog, und von dem Publikum, dem das Schlegelsche Direktorium schon lange ein Greuel war, akklamiert wurde, begründete er seine Alleinherrschaft in der deutschen Literatur. Von jener Stunde an war von den Herren Schlegel nicht mehr die Rede; nur dann und wann sprach man noch von ihnen, wie man jetzt noch manchmal von Barras oder Gohier spricht; man sprach nicht mehr von Romantik und klassischer Poesie, sondern von Goethe und wieder von Goethe. Freilich es traten unterdessen einige Dichter auf den Schauplatz, die an Kraft und Phantasie diesem nicht viel nachgaben; aber sie erkannten ihn aus Courtoisie als ihr Oberhaupt, sie umgaben ihn huldigend, sie küßten ihm die Hand, sie knieten vor ihm; diese Granden des Parnassus unterschieden sich jedoch von der großen Menge dadurch, daß sie auch in Goethes Gegenwart ihren Lorbeerkranz auf dem Haupte behalten durften. Manchmal auch frondierten sie ihn; sie ärgerten sich aber dann, wenn irgend ein Geringerer sich ebenfalls berechtigt hielt Goethen zu schelten. Die Aristokraten, wenn sie auch noch so böse gegen ihren Souverain gestimmt sind, werden doch verdrießlich, wenn sich auch der Plebs gegen diesen erhebt. Und die geistigen Aristokraten in Deutschland hatten, während der beiden letzten Dezennien, sehr gerechte Gründe auf Goethe ungehalten zu sein. Wie ich selber es damals, mit hinlänglicher Bitterkeit, offen gesagt habe: Goethe glich jenem Ludwig XI., der den hohen Adel unterdrückte und den tiers état empor hob.

Das war widerwärtig, Goethe hatte Angst vor jedem selbständigen Originalschriftsteller und lob und pries alle unbedeutende Kleingeister; ja er trieb dieses so weit, daß es endlich für ein Brevêt der Mittelmäßigkeit galt, von Goethe gelobt worden zu sein.

Späterhin spreche ich von den neuen Dichtern, die während der Goetheschen Kaiserzeit hervortraten. Das ist ein junger Wald, dessen Stämme erst jetzt ihre Größe zeigen, seitdem die hundertjährige Eiche gefallen ist, von deren Zweigen sie so weit überragt und überschattet wurden.

Es fehlte, wie schon gesagt, nicht an einer Opposition, die gegen Goethe, diesen großen Baum, mit Erbitterung eiferte. Menschen von den entgegengesetztesten Meinungen vereinigten sich zu solcher Opposition. Die Altgläubigen, die Orthodoxen, ärgerten sich, daß in dem Stamme des großen Baumes keine Nische mit einem Heiligenbildchen befindlich war, ja, daß sogar die nackten Dryaden des Heidentums darin ihr Hexenwesen trieben, und sie hätten gern, mit geweihter Axt, gleich dem heiligen Bonifazius, diese alte Zaubereiche niedergefällt; die Neugläubigen, die Bekenner des Liberalismus, ärgerten sich im Gegenteil, daß man diesen Baum nicht zu einem Freiheitsbaum, und am allerwenigsten zu einer Barrikade benutzen konnte. In der Tat, der Baum war zu hoch, man konnte nicht auf seinen Wipfel eine rote Mütze stecken und darunter die Carmagnole tanzen. Das große Publikum aber verehrte diesen Baum eben weil er so selbstständig herrlich war, weil er so lieblich die ganze Welt mit seinem Wohlduft erfüllte, weil seine Zweige so prachtvoll bis in den Himmel ragten, so daß es aussah, als seien die Sterne nur die goldnen Früchte des großen Wunderbaums.

Die Opposition gegen Goethe beginnt eigentlich mit

dem Erscheinen der sogenannten falschen Wanderjahre, welche unter dem Titel »Wilhelm Meisters Wanderjahre« im Jahre 1821, also bald nach dem Untergang der Schlegel, bei Gottfried Basse in Quedlinburg herauskamen. Goethe hatte nämlich unter eben diesem Titel eine Fortsetzung von »Wilhelm Meisters Lehrjahren« angekündigt, und sonderbarerweise erschien diese Fortsetzung gleichzeitig mit jenem literarischen Doppelgänger, worin nicht bloß die Goethesche Schreibart nachgeahmt war, sondern auch der Held des Goetheschen Originalromans sich als handelnde Person darstellte. Diese Nachäffung zeugte nicht sowohl von vielem Geiste, als vielmehr von großem Takte, und da der Verfasser einige Zeit seine Anonymität zu bewahren wußte und man ihn vergebens zu erraten suchte, so ward das Interesse des Publikums noch künstlich gesteigert. Es ergab sich jedoch am Ende, daß der Verfasser ein bisher unbekannter Landprediger war, namens »Pustkuchen«, was auf französisch omelette soufflée heißt, ein Name welcher auch sein ganzes Wesen bezeichnete. Es war nichts anders als der alte pietistische Sauerteig, der sich ästhetisch aufgeblasen hatte. Es ward dem Goethe in jenem Buche vorgeworfen: daß seine Dichtungen keinen moralischen Zweck hätten; daß er keine edlen Gestalten, sondern nur vulgäre Figuren schaffen könne; daß hingegen Schiller die idealisch edelsten Charaktere aufgestellt und daher ein größerer Dichter sei.

Letzteres, daß nämlich Schiller größer sei als Goethe, war der besondere Streitpunkt, den jenes Buch hervorgerufen. Man verfiel in die Manie die Produkte beider

Dichter zu vergleichen und die Meinungen teilten sich. Die Schillerianer pochten auf die sittliche Herrlichkeit eines Max Piccolomini, einer Thekla, eines Marquis Posa, und sonstiger Schillerschen Theaterhelden, wogegen sie die Goetheschen Personen, eine Philine, ein Käthchen, ein Klärchen und dergleichen hübsche Kreaturen für unmoralische Weibsbilder erklärten. Die Goetheaner bemerkten lächelnd, daß letztere und auch die Goetheschen Helden schwerlich als moralisch zu vertreten wären, daß aber die Beförderung der Moral, die man von Goethes Dichtungen verlange, keineswegs der Zweck der Kunst sei: denn in der Kunst gäbe es keine Zwecke, wie in dem Weltbau selbst, wo nur der Mensch die Begriffe »Zweck und Mittel« hineingegrübelt; die Kunst, wie die Welt, sei ihrer selbst willen da, und wie die Welt ewig dieselbe bleibt, wenn auch in ihrer Beurteilung die Ansichten der Menschen unaufhörlich wechseln, so müsse auch die Kunst von den zeitlichen Ansichten der Menschen unabhängig bleiben; die Kunst müsse daher besonders unabhängig bleiben von der Moral, welche auf der Erde immer wechselt, so oft eine neue Religion emporsteigt und die alte Religion verdrängt. In der Tat, da jedesmal nach Abfluß einer Reihe Jahrhunderte immer eine neue Religion in der Welt aufkommt, und indem sie in die Sitten übergeht sich auch als eine neue Moral geltend macht: so würde jede Zeit die Kunstwerke der Vergangenheit als unmoralisch verketzern, wenn solche nach dem Maßstabe der zeitigen Moral beurteilt werden sollen. Wie wir es auch wirklich erlebt, haben gute Christen, welche das Fleisch als teuflisch verdammen, immer ein Ärgernis empfunden beim Anblick der griechischen Götterbilder; keusche Mönche haben der antiken Venus eine Schürze vorgebunden; sogar bis in die neuesten Zeiten hat man den nackten Statuen ein lächerliches Feigenblatt angeklebt; ein frommer Quäker hat sein ganzes Vermögen aufgeopfert, um die schönsten mythologischen Gemälde des Giulio Romano anzukaufen und zu verbrennen – wahrlich, er verdiente dafür in den Himmel zu kommen und dort täglich mit Ruten gepeitscht zu werden! Eine Religion, welche etwa Gott nur in die Materie setzte, und daher nur das Fleisch für göttlich hielte, müßte, wenn sie in die Sitten überginge, eine Moral hervorbringen, wonach nur diejenigen Kunstwerke preisenswert, die das Fleisch verherrlichen, und wonach, im Gegenteil, die christlichen Kunstwerke, die nur die Nichtigkeit des Fleisches darstellen, als unmoralisch zu verwerfen wären. Ja, die Kunstwerke, die in dem einen Lande moralisch, werden in einem anderen Lande, wo eine andere Religion in die Sitten übergegangen, als unmoralisch betrachtet werden können, z. B. unsere bildenden Künste erregen den Abscheu eines strenggläubigen Moslem, und dagegen manche Künste, die in den Haremen des Morgenlands für höchst unschuldig gelten, sind dem Christen ein Greuel. Da in Indien der Stand einer Bajadere durchaus nicht durch die Sitte fletriert ist, so gilt dort das Drama »Vasantasena«, dessen Heldin ein feiles Freudenmädchen, durchaus nicht für unmoralisch; wagte man es aber einmal dieses Stück im Theater Français aufzuführen, so würde das ganze Parterre über Immoralität schreien, dasselbe Parterre, welches täglich mit Vergnügen die

Intrigenstücke betrachtet, deren Heldinnen junge Witwen sind, die am Ende lustig heuraten, statt sich, wie die indische Moral es verlangt, mit ihren verstorbenen Gatten zu verbrennen.

Indem die Goetheaner von solcher Ansicht ausgehen, betrachten sie die Kunst als eine unabhängige zweite Welt, die sie so hoch stellen, daß alles Treiben der Menschen, ihre Religion und ihre Moral, wechselnd und wandelbar, unter ihr hin sich bewegt. Ich kann aber dieser Ansicht nicht unbedingt huldigen; die Goetheaner ließen sich dadurch verleiten die Kunst selbst als das Höchste zu proklamieren, und von den Ansprüchen jener ersten wirklichen Welt, welcher doch der Vorrang gebührt, sich abzuwenden.

Schiller hat sich jener ersten Welt viel bestimmter angeschlossen als Goethe, und wir müssen ihn in dieser Hinsicht loben. Ihn, den Friedrich Schiller, erfaßte lebendig der Geist seiner Zeit, er rang mit ihm, er ward von ihm bezwungen, er folgte ihm zum Kampfe, er trug sein Banner, und es war dasselbe Banner worunter man auch jenseits des Rheines so enthusiastisch stritt, und wofür wir noch immer bereit sind, unser bestes Blut zu vergießen. Schiller schrieb für die großen Ideen der Revolution, er zerstörte die geistigen Bastillen, er baute an dem Tempel der Freiheit, und zwar an jenem ganz großen Tempel, der alle Nationen, gleich einer einzigen Brüdergemeinde, umschließen soll; er war Kosmopolit. Er begann mit jenem Haß gegen die Vergangenheit, welchen wir in den »Räubern« sehen, wo er einem kleinen Titanen gleicht, der aus der Schule gelaufen ist und Schnaps getrunken hat und dem Jupiter die Fenster einwirft; er endigte mit jener Liebe für die Zukunft, die schon im »Don Carlos« wie ein Blumenwald hervorblüht, und er selber ist jener Marquis Posa, der zugleich Prophet und Soldat ist, der auch für das kämpft was er prophezeit, und unter dem spanischen Mantel das schönste Herz trägt, das jemals in Deutschland geliebt und gelitten hat.

Der Poet, der kleine Nachschöpfer, gleicht dem lieben Gott auch darin, daß er seine Menschen nach dem eigenen Bilde erschafft. Wenn daher Karl Moor und der Marquis Posa ganz Schiller selbst sind, so gleicht Goethe seinem Werther, seinem Wilhelm Meister und seinem Faust, worin man die Phasen seines Geistes studieren kann. Wenn Schiller sich ganz in die Geschichte stürzt, sich für die gesellschaftlichen Fortschritte der Menschheit enthusiasmiert und die Weltgeschichte besingt: so versenkt sich Goethe mehr in die individuellen Gefühle, oder in die Kunst, oder in die Natur. Goethe, den Pantheisten, mußte die Naturgeschichte endlich als ein Hauptstudium beschäftigen, und nicht bloß in Dichtungen, sondern auch in wissenschaftlichen Werken gab er uns die Resultate seiner Forschungen. Sein Indifferentismus war ebenfalls ein Resultat seiner pantheistischen Weltansicht.

Es ist leider wahr, wir müssen es eingestehn, nicht selten hat der Pantheismus die Menschen zu Indifferentisten gemacht. Sie dachten: wenn alles Gott ist, so mag es gleichgültig sein, womit man sich beschäftigt, ob mit Wolken oder mit antiken Gemmen, ob mit Volksliedern oder mit Affenknochen, ob mit Menschen oder mit Komödianten. Aber da ist eben der Irrtum: Alles ist nicht Gott, sondern Gott ist Alles; Gott manifestiert sich vielmehr nach verschiedenen Graden in den verschiedenen Dingen, und jedes trägt in sich den Drang einen höheren Grad der Göttlichkeit zu erlangen; und das ist das große Gesetz des Fortschrittes in der Natur. Die Erkenntnis dieses Gesetzes, das am tiefsinnigsten von den Saint-Simonisten offenbart worden, macht jetzt den Pantheismus zu einer Weltansicht, die durchaus nicht zum Indifferentismus führt, sondern zum aufopferungssüchtigsten Fortstreben. Nein, Gott manifestiert sich nicht gleichmäßig in allen Dingen, wie Wolfgang Goethe glaubte, der dadurch ein Indifferentist wurde, und statt mit den höchsten Menschheitsinteressen, sich nur mit Kunstspielsachen, Anatomie, Farbenlehre, Pflanzenkunde und Wolkenbeobachtungen beschäftigte: Gott manifestiert sich in den Dingen mehr oder minder, er lebt in dieser beständigen Manifestation, Gott ist in der Bewegung, in der Handlung, in der Zeit, sein heiliger Odem weht durch die Blätter der Geschichte, letztere ist das eigentliche Buch Gottes; und das fühlte und ahnte Friedrich Schiller und ward ein »rückwärtsgekehrter Prophet«, und er schrieb den »Abfall der Niederlande«, den »dreißigjährigen Krieg« und die »Jungfrau von Orleans« und den »Tell«.

Freilich, auch Goethe besang einige große Emanzipationsgeschichten, aber er besang sie als Artist. Da er nämlich den christlichen Enthusiasmus, der ihm fatal war, verdrießlich ablehnte, und den philosophischen Enthusiasmus unserer Zeit nicht begriff, oder nicht begreifen wollte, weil er dadurch aus seiner Gemütsruhe herausgerissen zu werden fürchtete: so behandelte er den Enthusiasmus überhaupt ganz historisch, als etwas Gegebenes, als einen Stoff, der behandelt werden soll, der Geist wurde Materie unter seinen Händen, und er gab ihm die schöne gefällige Form. So wurde er der größte Künstler in unserer Literatur, und alles was er schrieb wurde ein abgerundetes Kunstwerk.

Das Beispiel des Meisters leitete die Jünger, und in Deutschland entstand dadurch jene literarische Periode, die ich einst als »die Kunstperiode« bezeichnet, und wobei ich den nachteiligen Einfluß auf die politische Entwickelung des deutschen Volkes nachgewiesen habe. Keineswegs jedoch leugnete ich bei dieser Gelegenheit den selbständigen Wert der Goetheschen Meisterwerke. Sie zieren unser teueres Vaterland, wie schöne Statuen einen Garten zieren, aber es sind Statuen. Man kann sich darin verlieben, aber sie sind unfruchtbar: die Goetheschen Dichtungen bringen nicht die Tat hervor, wie die Schillerschen. Die Tat ist das Kind des Wortes, und die Goetheschen schönen Worte sind kinderlos. Das ist der Fluch alles dessen was bloß durch die Kunst entstanden ist. Die Statue, die der Pygmalion verfertigt, war ein schönes Weib, sogar der Meister verliebte sich darin, sie wurde lebendig unter seinen Küssen, aber so viel wir wissen hat sie nie Kinder bekommen. Ich glaube, Herr Charles Nodier hat mal in solcher Beziehung etwas Ähnliches gesagt, und das kam mir gestern in den Sinn, als ich, die unteren Säle des Louvre durchwandernd, die alten Götterstatuen betrachtete. Da standen sie, mit den stummen weißen Augen, in dem marmornen Lächeln eine geheime Melancholie, eine trübe Erinnerung vielleicht an Ägypten, das Totenland, dem sie entsprossen, oder leidende Sehnsucht nach dem Leben, woraus sie jetzt durch andere Gottheiten fortgedrängt sind, oder auch Schmerz über ihre tote Unsterblichkeit: – sie schienen des Wortes zu harren, das sie wieder dem Leben zurückgäbe, das sie aus ihrer kalten, starren Regungslosigkeit erlöse. Sonderbar! diese Antiken mahnten mich an die Goetheschen Dichtungen, die eben so vollendet, eben so herrlich, eben so ruhig sind, und ebenfalls mit Wehmut zu fühlen scheinen, daß ihre Starrheit und Kälte sie von unserem jetzigen bewegt warmen Leben abschneidet, daß sie nicht mit uns leiden und jauchzen können, daß sie keine Menschen sind, sondern unglückliche Mischlinge von Gottheit und Stein.

Diese wenigen Andeutungen erklären nun den Groll der verschiedenen Parteien, die in Deutschland gegen Goethe laut geworden. Die Orthodoxen waren ungehalten gegen den großen Heiden, wie man Goethe allgemein in Deutschland nennt; sie fürchteten seinen Einfluß auf das Volk, dem er durch lächelnde Dichtungen, ja, durch die unscheinbarsten Liederchen, seine Weltansicht einflößte; sie sahen in ihm den gefährlichsten Feind des Kreuzes, das ihm, wie er sagte, so fatal war wie Wanzen, Knoblauch und Tabak; nämlich so ungefähr lautet die Xenie, die Goethe auszusprechen wagte, mitten in Deutschland, im Lande wo jenes Ungeziefer, der Knoblauch, der Tabak und das Kreuz, in heiliger Allianz, überall herrschend sind. Just dieses war es jedoch keineswegs was uns, den Männern der Bewegung, an Goethe mißfiel. Wie schon erwähnt, wir tadelten die Unfruchtbarkeit seines Wortes, das Kunstwesen, das durch ihn in Deutschland verbreitet wurde, das einen quietisierenden Einfluß auf die deutsche Jugend ausübte, das einer politischen Regeneration unseres Vaterlandes entgegenwirkte. Der indifferente Pantheist wurde daher von den entgegengesetztesten Seiten angegriffen; um französisch zu sprechen, die äußerste Rechte und die äußerste Linke verbanden sich gegen ihn; und während der schwarze Pfaffe mit dem Kruzifixe gegen ihn losschlug, rannte gegen ihn zu gleicher Zeit der wütende Sansculotte mit der Pike. Herr Wolfgang Menzel, der den Kampf gegen Goethe mit einem Aufwand von Esprit geführt hat, der eines besseren Zweckes wert war, zeigte in seiner Polemik nicht so einseitig den spiritualistischen Christen oder den unzufriedenen Patrioten: er basierte vielmehr einen Teil seiner Angriffe auf die letzten Aussprüche Friedrich Schlegels, der nach seinem Fall, aus der Tiefe seines katholischen Doms, sein Wehe über Goethe ausgerufen, über den Goethe, »dessen Poesie keinen Mittelpunkt habe«. Herr Menzel ging noch weiter und zeigte, daß Goethe kein Genie sei, sondern nur ein Talent, er rühmte Schiller als Gegensatz usw. Das geschah einige Zeit vor der Juliusrevolution, Herr Menzel war damals der größte Verehrer des Mittelalters, sowohl in Hinsicht der Kunstwerke als der Institutionen desselben, er schmähte mit unaufhörlichem Ingrimm den Johann Heinrich Voß, pries mit unerhörter Begeisterung den Herrn Joseph Görres: sein Haß gegen Goethe war daher echt und er schrieb gegen ihn aus Überzeugung, also nicht, wie viele meinten, um sich dadurch bekannt zu machen. Obgleich ich selber damals ein Gegner Goethes war, so war ich doch unzufrieden über die Herbheit womit Herr Menzel ihn kritisierte, und ich beklagte diesen Mangel an Pietät. Ich bemerkte: Goethe sei doch immer der König unserer Literatur; wenn man an einen solchen das kritische Messer lege, müsse man es nie an der gebührenden Courtoisie fehlen lassen, gleich dem Scharfrichter, welcher Karl I. zu köpfen hatte, und ehe er sein Amt verrichtete, vor dem Könige niederkniete und seine allerhöchste Verzeihung erbat.

Unter den Gegnern Goethes gehörte auch der famose Hofrat Müllner und sein einzig treu gebliebner Freund, der Herr Professor Schütz, Sohn des alten Schütz. Noch einige andere, die minder famose Namen führten, z. B. ein Herr Spaun, der lange Zeit, wegen politischer Vergehen, im Zuchthause gesessen hat, gehörten zu den öffentlichen Gegnern Goethes. Unter uns gesagt, es war eine sehr gemischte Gesellschaft. Was vorgebracht wurde habe ich hinlänglich angedeutet; schwerer ist es das besondere Motiv zu erraten, das jeden Einzelnen bewogen haben mag seine antigoethanischen Überzeugungen öffentlich auszusprechen. Nur von einer Person kenne ich diese Motive ganz genau, und da ich dieses selber bin, so will ich jetzt ehrlich gestehen: es war der Neid. Zu meinem Lobe muß ich jedoch nochmals erwähnen, daß ich in Goethe nie den großen Dichter angegriffen, sondern nur den Menschen. Ich habe nie seine Werke getadelt. Ich habe nie Mängel darin sehen können, wie jene Kritiker, die mit ihren feingeschliffenen Augengläsern, auch die Flecken im Monde bemerkt haben; – die scharfsichtigen Leute! was sie für Flecken ansehen, das sind blühende Wälder, silberne Ströme, erhabene Berge, lachende Täler.

Nichts ist törichter als die Geringschätzung Goethes zu Gunsten des Schiller, mit welchem man es keineswegs ehrlich meinte, und den man von jeher pries um Goethe herabzusetzen. Oder wußte man wirklich nicht, daß jene hochgerühmten hochidealischen Gestalten, jene Altarbilder der Tugend und Sittlichkeit, die Schiller aufgestellt, weit leichter zu verfertigen waren als jene sündhaften, kleinweltlichen, befleckten Wesen, die uns Goethe in seinen Werken erblicken läßt? Wissen sie denn nicht, daß mittelmäßige Maler meistens lebensgroße Heiligenbilder auf die Leinwand pinseln, daß aber schon ein großer Meister dazu gehört, um etwa einen spanischen Betteljungen, der sich laust, einen niederländischen Bauern, welcher kotzt, oder dem ein Zahn ausgezogen wird, und häßliche alte Weiber, wie wir sie auf kleinen holländischen Kabinettbildchen sehen, lebenswahr und technisch vollendet zu malen? Das Große und Furchtbare läßt sich in der Kunst weit leichter darstellen als das Kleine und Putzige. Die ägyptischen Zauberer haben dem Moses viele Kunststücke nachmachen können, z. B. die Schlangen, das Blut, sogar die Frösche; aber, als er scheinbar weit leichtere Zauberdinge, nämlich Ungeziefer, hervorbrachte, da gestanden sie ihre Ohnmacht, und sie konnten das kleine Ungeziefer nicht nachmachen, und sie sagten: da ist der Finger Gottes. Scheltet immerhin über die Gemeinheiten im »Faust«, über die Szenen auf dem Brocken, im Auerbachskeller, scheltet auf die Liederlichkeiten im »Meister« – das könnt Ihr dennoch alles nicht nachmachen; da ist der Finger Goethes! Aber Ihr wollt das auch nicht nachmachen, und ich höre wie Ihr mit Abscheu behauptet: wir sind keine Hexenmeister, wir sind gute Christen. Daß Ihr keine Hexenmeister seid, das weiß ich.

Goethes größtes Verdienst ist eben die Vollendung alles dessen was er darstellt; da gibt es keine Partien, die stark sind während andere schwach, da ist kein Teil ausgemalt während der andere nur skizziert worden, da gibt es keine Verlegenheiten, kein herkömmliches Füllwerk, keine Vorliebe für Einzelheiten. Jede Person in seinen Romanen und Dramen behandelt er, wo sie vorkömmt, als wäre sie die Hauptperson. So ist es auch bei Homer, so bei Shakespeare. In den Werken aller großen Dichter gibt es eigentlich gar keine Nebenperson, jede Figur ist Hauptperson an ihrer Stelle. Solche Dichter gleichen den absoluten Fürsten, die den Menschen keinen selbständigen Wert beimessen, sondern ihnen selber, nach eigenem Gutdünken, ihre höchste Geltung zuerkennen. Als ein französischer Gesandter einst gegen den Kaiser Paul von Rußland erwähnte, daß ein wichtiger Mann seines Reiches sich für irgend eine Sache interessiere: da fiel ihm der Kaiser streng in die Rede, mit den merkwürdigen Worten: »es gibt in diesem Reiche keinen wichtigen Mann außer denjenigen, mit welchem Ich eben spreche, und nur so lange Ich mit ihm spreche ist er wichtig«. Ein absoluter Dichter, der ebenfalls seine Macht von Gottes Gnade erhalten hat, betrachtet in gleicher Weise diejenige Person seines Geisterreichs als die wichtigste, die er eben sprechen läßt, die eben unter seine Feder geraten, und aus solchem Kunstdespotismus entsteht jene wunderbare Vollendung der kleinsten Figuren in den Werken Homers, Shakespeares und Goethes.

Wenn ich etwas herbe von den Gegnern Goethes gesprochen habe, so dürfte ich noch viel Herberes von seinen Apologisten sagen. Die meisten derselben haben in ihrem Eifer noch größere Torheiten vorgebracht. Auf der Grenze des Lächerlichen steht in dieser Hinsicht einer namens Herr Eckermann, dem es übrigens nicht an Geist fehlt. In dem Kampfe gegen Herrn Pustkuchen hat Karl Immermann, der jetzt unser größter dramatischer Dichter ist, seine kritischen Sporen erworben; er hat da ein vortreffliches Schriftchen zu Tage gefördert. Zu meist haben sich die Berliner bei dieser Gelegenheit ausgezeichnet. Der bedeutendste Kämpe für Goethe war zu jeder Zeit Varnhagen von Ense, ein Mann, der Gedanken im Herzen trägt, die so groß sind wie die Welt, und sie in Worten ausspricht, die so kostbar und zierlich sind wie geschnittene Gemmen. Es ist jener vornehme Geist auf dessen Urteil Goethe immer das meiste Gewicht gelegt hat. – Vielleicht ist es nützlich hier zu erwähnen, daß Herr Wilhelm von Humboldt bereits früher ein ausgezeichnetes Buch über Goethe geschrieben hat. Seit den letzten zehn Jahren brachte jede Leipziger Messe mehre Schriften über Goethe hervor. Die Untersuchungen des Herrn Schubarth über Goethe gehören zu den Merkwürdigkeiten der hohen Kritik. Was Herr Häring, der unter dem Namen Wilibald Alexis schreibt, in verschiedenen Zeitschriften über Goethe gesagt hat, war eben so bedeutend wie geistreich. Herr Zimmermann, Professor zu Hamburg, hat in seinen mündlichen Vorträgen die vortrefflichsten Urteile über Goethe ausgesprochen, die man zwar spärlich aber desto tiefsinniger in seinen dramaturgischen Blättern angedeutet findet. Auf verschiedenen deutschen Universitäten wurde ein Kollegium über Goethe gelesen, und von allen seinen Werken war es vorzüglich der »Faust« womit sich das Publikum beschäftigte. Er wurde vielfach fortgesetzt und kommentiert, er ward die weltliche Bibel der Deutschen.

Ich wäre kein Deutscher, wenn ich bei Erwähnung des »Faustes« nicht einige erklärende Gedanken darüber ausspräche. Denn vom größten Denker bis zum kleinsten Markeur, vom Philosophen bis herab zum Doktor der Philosophie, übt jeder seinen Scharfsinn an diesem Buche. Aber es ist wirklich eben so weit wie die Bibel, und, wie diese, umfaßt es Himmel und Erde, mitsamt dem Menschen und seiner Exegese. Der Stoff ist hier wieder der Hauptgrund weshalb der »Faust« so populär ist; daß er jedoch diesen Stoff herausgesucht aus den Volkssagen, das zeugt eben von Goethes unbewußtem Tiefsinn, von seinem Genie, das immer das Nächste und Rechte zu ergreifen wußte. Ich darf den Inhalt des »Faust« als bekannt voraussetzen; denn das Buch ist in der letzten Zeit auch in Frankreich berühmt geworden. Aber ich weiß nicht ob hier die alte Volkssage selbst bekannt ist, ob auch hier zu Land, auf den Jahrmärkten, ein graues, fließpapiernes, schlechtgedrucktes und mit derben Holzschnitten verziertes Buch verkauft wird, worin umständlich zu lesen ist: wie der Erzzauberer Johannes Faustus, ein gelehrter Doktor, der alle Wissenschaften studiert hatte, am Ende seine Bücher weg warf, und ein Bündnis mit dem Teufel schloß, wodurch er alle sinnlichen Freuden der Erde genießen konnte, aber auch seine Seele dem höllischen Verderben hingeben mußte. Das Volk im Mittelalter hat immer, wenn es irgendwo große Geistesmacht sah, dergleichen einem

Teufelsbündnis zugeschrieben, und der Albertus Magnus, Raimund Lullus, Theophrastus Paracelsus, Agrippa von Nettesheim, auch in England der Roger Baco, galten für Zauberer, Schwarzkünstler, Teufelsbanner. Aber weit eigentümlichere Dinge singt und sagt man von dem Doktor Faustus, welcher nicht bloß die Erkenntnis der Dinge sondern auch die reellsten Genüsse vom Teufel verlangt hat, und das ist eben der Faust, der die Buchdruckerei erfunden und zur Zeit lebte, wo man anfing, gegen die strenge Kirchenautorität zu predigen und selbständig zu forschen: – so daß mit Faust die mittelalterliche Glaubensperiode aufhört und die moderne kritische Wissenschaftsperiode anfängt. Es ist, in der Tat, sehr bedeutsam, daß zur Zeit, wo, nach der Volksmeinung, der Faust gelebt hat, eben die Reformation beginnt, und daß er selber, die Kunst erfunden haben soll, die dem Wissen einen Sieg über den Glauben verschafft, nämlich die Buchdruckerei, eine Kunst die uns aber auch die katholische Gemütsruhe geraubt und uns in Zweifel und Revolutionen gestürzt – ein anderer als ich würde sagen, endlich in die Gewalt des Teufels geliefert hat. Aber nein, das Wissen, die Erkenntnis der Dinge durch die Vernunft, die Wissenschaft, gibt uns endlich die Genüsse, um die uns der Glaube, das katholische Christentum, so lange geprellt hat; wir erkennen, daß die Menschen nicht bloß zu einer himmlischen, sondern auch zu einer irdischen Gleichheit berufen sind; die politische Brüderschaft, die uns von der Philosophie gepredigt wird, ist uns wohltätiger als die rein geistige Brüderschaft, wozu uns das Christentum verholfen; und das Wissen wird Wort, und das

Wort wird Tat, und wir können noch bei Lebzeiten auf dieser Erde selig werden; – wenn wir dann noch obendrein der himmlischen Seligkeit, die uns das Christentum so bestimmt verspricht, nach dem Tode teilhaftig werden, so soll uns das sehr lieb sein.

Das hat nun längst schon das deutsche Volk tiefsinnig geahnt: denn das deutsche Volk ist selber jener gelehrte Doktor Faust, es ist selber jener Spiritualist, der mit dem Geiste endlich die Ungenügbarkeit des Geistes begriffen und nach materiellen Genüssen verlangt, und dem Fleische seine Rechte wiedergibt; – doch noch befangen in der Symbolik der katholischen Poesie, wo Gott als der Repräsentant des Geistes und der Teufel als der Repräsentant des Fleisches gilt, bezeichnete man jene Rehabilitation des Fleisches als einen Abfall von Gott, als ein Bündnis mit dem Teufel.

Es wird aber noch einige Zeit dauern, ehe beim deutschen Volke in Erfüllung geht was es so tiefsinnig in jenem Gedichte prophezeit hat, ehe es eben durch den Geist die Usurpation des Geistes einsieht, und die Rechte des Fleisches vindiziert. Das ist dann die Revolution, die große Tochter der Reformation.

Minder bekannt als der »Faust« ist hier, in Frankreich, Goethes »West-östlicher Divan«, ein späteres Buch, von welchem Frau v. Staël noch nicht Kenntnis hatte, und dessen wir hier besonders erwähnen müssen. Es enthält die Denk- und Gefühlsweise des Orients, in blühenden Liedern und kernigen Sprüchen; und das duftet und glüht darin, wie ein Harem voll verliebter Odalisken mit schwarzen geschminkten Gazellenaugen und sehnsüchtig weißen Armen. Es ist dem Leser dabei so schauerlich lüstern zu Mute, wie dem glücklichen Gaspard Debureau, als er in Konstantinopel oben auf der Leiter stand, und de haut en bas dasjenige sah, was der Beherrscher der Gläubigen nur de bas en haut zu sehen pflegt. Manchmal ist dem Leser auch zu Mute, als läge er behaglich ausgestreckt auf einem persischen Teppich, und rauche aus einer langröhrigen Wasserpfeife den gelben Tabak von Turkistan, während eine schwarze Sklavin ihm mit einem bunten Pfauenwedel Kühlung zuweht, und ein schöner Knabe ihm eine Schale mit echtem Mokka-Kaffee darreicht: – den berauschendsten Lebensgenuß hat hier Goethe in Verse gebracht, und diese sind so leicht, so glücklich, so hingehaucht, so ätherisch, daß man sich wundert wie dergleichen in deutscher Sprache möglich war. Dabei gibt er auch in Prosa die allerschönsten Erklärungen über Sitten und Treiben im Morgenlande, über das patriarchalische Leben der Araber; und da ist Goethe immer ruhig lächelnd, und harmlos wie ein Kind, und weisheitsvoll wie ein Greis. Diese Prosa ist so durchsichtig wie das grüne Meer, wenn heller Sommernachmittag und Windstille, und man ganz klar hinabschauen kann in die Tiefe, wo die versunkenen Städte mit ihren verschollenen Herrlichkeiten sichtbar werden; – manchmal ist aber auch jene Prosa so magisch, so ahnungsvoll, wie der Himmel wenn die Abenddämmerung heraufgezogen: und die großen Goetheschen Gedanken treten dann hervor, rein und golden, wie die Sterne. Unbeschreiblich ist der Zauber dieses Buches: es ist ein Selam, den der Okzident dem Oriente geschickt hat, und es sind gar närrische Blumen darunter: sinnlich rote Rosen, Hortensien wie weiße nackte Mädchenbusen, spaßhaftes Löwenmaul, Purpurdigitalis wie lange Menschenfinger, verdrehte Krokosnasen, und in der Mitte, lauschend verborgen, stille deutsche Veilchen. Dieser Selam aber bedeutet, daß der Okzident seines frierend mageren Spiritualismus überdrüssig geworden und an der gesunden Körperwelt des Orients sich wieder erlaben möchte. Goethe, nachdem er, im »Faust«, sein Mißbehagen an dem abstrakt Geistigen und sein Verlangen nach reellen Genüssen ausgesprochen, warf sich gleichsam mit dem Geiste selbst in die Arme des Sensualismus, indem er den »West-östlichen Divan« schrieb.

Es ist daher höchst bedeutsam, daß dieses Buch bald nach dem »Faust« erschien. Es war die letzte Phase Goethes und sein Beispiel war von großem Einfluß auf die Literatur. Unsere Lyriker besangen jetzt den Orient. – Erwähnenswert mag es auch sein, daß Goethe, indem er Persien und Arabien so freudig besang, gegen Indien den bestimmtesten Widerwillen aussprach. Ihm mißfiel an diesem Lande das Bizarre, Verworrene, Unklare, und vielleicht entstand diese Abneigung dadurch, daß er bei den sanskritischen Studien der Schlegel und ihrer Herren Freunde eine katholische Hinterlist witterte. Diese Herren betrachteten nämlich Hindostan als die Wiege der katholischen Weltordnung, sie sahen dort das Musterbild ihrer Hierarchie, sie fanden dort ihre Dreieinigkeit, ihre Menschwerdung, ihre Buße, ihre Sühne, ihre Kasteiungen und alle ihre sonstigen geliebten Steckenpferde. Goethes Widerwillen gegen Indien reizte nicht wenig diese Leute, und Herr August Wilhelm Schlegel nannte ihn deshalb mit gläsernem Ärger: »einen zum Islam bekehrten Heiden«.

Unter den Schriften, welche dieses Jahr über Goethe erschienen sind, verdient ein hinterlassenes Werk von Johannes Falk »Goethe aus näherem persönlichen Umgange dargestellt«, die rühmlichste Erwähnung. Der Verfasser hat uns in diesem Buche, außer einer detaillierten Abhandlung über den »Faust« (die nicht fehlen durfte!) die vortrefflichsten Notizen über Goethe mitgeteilt, und er zeigte uns denselben in allen Beziehungen des Lebens, ganz naturtreu, ganz unparteiisch, mit allen seinen Tugenden und Fehlern. Hier sehen wir Goethe im Verhältnis zu seiner Mutter, deren Naturell sich so wunderbar im Sohne wieder abspiegelt, hier sehen wir ihn als Naturforscher, wie er eine Raupe beobachtet, die sich eingesponnen und als Schmetterling entpuppen wird; hier sehen wir ihn dem großen Herder gegenüber, der ihm ernsthaft zürnt ob dem Indifferentismus, womit Goethe die Entpuppung der Menschheit selbst unbeachtet läßt; wir sehen ihn wie er, am Hofe des Großherzogs von Weimar, lustig improvisierend, unter blonden Hofdamen sitzt, gleich dem Apoll unter den Schafen des Königs Admetos; wir sehen ihn dann wieder, wie er, mit dem Stolze eines Dalai-Lama, den Kotzebue nicht anerkennen will; wie dieser, um ihn herabzusetzen eine öffentliche Feier zu Ehren Schillers veranstaltet; – überall aber sehen wir ihn klug, schön, liebenswürdig, eine holdselig erquickende Gestalt, ähnlich den ewigen Göttern.

In der Tat, die Übereinstimmung der Persönlichkeit mit dem Genius, wie man sie bei außerordentlichen

Menschen verlangt, fand man ganz bei Goethe. Seine äußere Erscheinung war eben so bedeutsam wie das Wort, das in seinen Schriften lebte; auch seine Gestalt war harmonisch, klar, freudig, edel gemessen, und man konnte griechische Kunst an ihm studieren, wie an einer Antike. Dieser würdevolle Leib war nie gekrümmt von christlicher Wurmdemut; die Züge dieses Antlitzes waren nicht verzerrt von christlicher Zerknirschung; diese Augen waren nicht christlich sünderhaft scheu, nicht andächtelnd und himmelnd, nicht flimmernd bewegt: – nein, seine Augen waren ruhig wie die eines Gottes. Es ist nämlich überhaupt das Kennzeichen der Götter, daß ihr Blick fest ist und ihre Augen nicht unsicher hin und her zucken. Daher, wenn Agni, Varuna, Jama und Indra die Gestalt des Nala annehmen, bei Damajantis Hochzeit, da erkennt diese ihren Geliebten an dem Zwinkern seiner Augen, da wie gesagt die Augen der Götter immer unbewegt sind. Letztere Eigenschaft hatten auch die Augen des Napoleon. Daher bin ich überzeugt, daß er ein Gott war. Goethes Auge blieb in seinem hohen Alter eben so göttlich wie in seiner Jugend. Die Zeit hat auch sein Haupt zwar mit Schnee bedecken, aber nicht beugen können. Er trug es ebenfalls immer stolz und hoch, und wenn er sprach wurde er immer größer, und wenn er die Hand ausstreckte, so war es, als ob er, mit dem Finger, den Sternen am Himmel den Weg vorschreiben könne, den sie wandeln sollten. Um seinen Mund will man einen kalten Zug von Egoismus bemerkt haben; aber auch dieser Zug ist den ewigen Göttern eigen, und gar dem Vater der Götter, dem großen Jupiter, mit welchem ich Goethe schon oben verglichen. Wahrlich, als ich ihn in Weimar besuchte und ihm gegenüber stand, blickte ich unwillkürlich zur Seite, ob ich nicht auch neben ihm den Adler sähe mit den Blitzen im Schnabel. Ich war nahe dran ihn griechisch anzureden; da ich aber merkte, daß er deutsch verstand, so erzählte ich ihm auf deutsch: daß die Pflaumen auf dem Wege zwischen Jena und Weimar sehr gut schmeckten. Ich hatte in so manchen langen Winternächten darüber nachgedacht, wie viel Erhabenes und Tiefsinniges ich dem Goethe sagen würde, wenn ich ihn mal sähe. Und als ich ihn endlich sah, sagte ich ihm, daß die sächsischen Pflaumen sehr gut schmeckten. Und Goethe lächelte. Er lächelte mit denselben Lippen, womit er einst die schöne Leda, die Europa, die Danae, die Semele und so manche andere Prinzessinnen oder auch gewöhnliche Nymphen geküßt hatte —

Les dieux s'en vont. Goethe ist tot. Er starb den 22sten März des verflossenen Jahrs, des bedeutungsvollen Jahrs, wo unsere Erde ihre größten Renommeen verloren hat. Es ist als sei der Tod in diesem Jahre plötzlich aristokratisch geworden, als habe er die Notabilitäten dieser Erde besonders auszeichnen wollen, indem er sie gleichzeitig ins Grab schickte. Vielleicht gar hat er jenseits, im Schattenreich, eine Pairie stiften wollen, und in diesem Falle wäre seine fournée sehr gut gewählt. Oder hat der Tod, im Gegenteil, im verflossenen Jahr die Demokratie zu begünstigen gesucht, indem er mit den großen Renommeen auch ihre Autoritäten vernichtete und die geistige Gleichheit beförderte? War es Respekt oder Insolenz weshalb der Tod im vorigen Jahre die Könige verschont hat? Aus Zerstreuung hatte er nach dem König von Spanien schon die Sense erhoben, aber er besann sich zur rechten Zeit und er ließ ihn leben. In dem verflossenen Jahr ist kein einziger König gestorben. Les dieux s'en vont; – aber die Könige behalten wir.

Zweites Buch

I

Mit der Gewissenhaftigkeit, die ich mir streng vorgeschrieben, muß ich hier erwähnen, daß mehrere Franzosen sich bei mir beklagt, ich behandelte die Schlegel, namentlich Herrn August Wilhelm, mit allzuherben Worten. Ich glaube aber solche Beklagnis würde nicht stattfinden, wenn man hier mit der deutschen Literaturgeschichte genauer bekannt wäre. Viele Franzosen kennen Herrn A. W. Schlegel nur aus dem Werke der Frau v. Staël, seiner edlen Beschützerin. Die meisten kennen ihn nur dem Namen nach; dieser Name klingt ihnen nun im Gedächtnis als etwas verehrlich Berühmtes, wie etwa der Name Osiris, wovon sie auch nur wissen, daß es ein wunderlicher Kauz von Gott ist, der in Ägypten verehrt wurde. Welche sonstige Ähnlichkeit zwischen Herrn A. W. Schlegel und dem Osiris stattfindet, ist ihnen am allerwenigsten bekannt.

Da ich einst zu den akademischen Schülern des ältern Schlegel gehört habe, so dürfte man mich vielleicht in Betreff desselben zu einiger Schonung verpflichtet glauben. Aber hat Herr A. W. Schlegel den alten Bürger geschont, seinen literärischen Vater? Nein, und er handelte nach Brauch und Herkommen. Denn in der Literatur wie in den Wäldern der nordamerikanischen Wilden werden die Väter von den Söhnen totgeschlagen, sobald sie alt und schwach geworden.

Ich habe schon in dem vorigen Abschnitt bemerkt, daß Friedrich Schlegel bedeutender war, als Herr

August Wilhelm; und in der Tat, letzterer zehrte nur von den Ideen seines Bruders, und verstand nur die Kunst, sie auszuarbeiten. Fr. Schlegel war ein tiefsinniger Mann. Er erkannte alle Herrlichkeiten der Vergangenheit und er fühlte alle Schmerzen der Gegenwart. Aber er begriff nicht die Heiligkeit dieser Schmerzen und ihre Notwendigkeit für das künftige Heil der Welt. Er sah die Sonne untergehn und blickte wehmütig nach der Stelle dieses Untergangs und klagte über das nächtliche Dunkel, das er heranziehen sah; und er merkte nicht, daß schon ein neues Morgenrot an der entgegengesetzten Seite leuchtete. Fr. Schlegel nannte einst den Geschichtsforscher »einen umgekehrten Propheten«. Dieses Wort ist die beste Bezeichnung für ihn selbst. Die Gegenwart war ihm verhaßt, die Zukunft erschreckte ihn, und nur in die Vergangenheit, die er liebte, drangen seine offenbarenden Seherblicke.

Der arme Fr. Schlegel, in den Schmerzen unserer Zeit sah er nicht die Schmerzen der Wiedergeburt, sondern die Agonie des Sterbens, und aus Todesangst flüchtete er sich in die zitternden Ruinen der katholischen Kirche. Diese war jedenfalls der geeignetste Zufluchtsort für seine Gemütsstimmung. Er hatte viel heiteren Übermut im Leben ausgeübt; aber er betrachtete solches als sündhaft, als Sünde die späterer Abbuße bedurfte, und der Verfasser der »Lucinde« mußte notwendigerweise katholisch werden.

Die »Lucinde« ist ein Roman, und außer seinen Gedichten und einem dem Spanischen nachgebildeten Drama, »Alarkos« geheißen, ist jener Roman die einzige Originalschöpfung, die Fr. Schlegel hinterlassen. Es hat seiner Zeit nicht an Lobpreisern dieses Romans gefehlt. Der jetzige hochehrwürdige Herr Schleiermacher hat damals enthusiastische Briefe über die »Lucinde« herausgegeben. Es fehlte sogar nicht an Kritikern, die dieses Produkt als ein Meisterstück priesen und die bestimmt prophezeiten, daß es einst für das beste Buch in der deutschen Literatur gelten werde. Man hätte diese Leute von Obrigkeitswegen festsetzen sollen, wie man in Rußland die Propheten, die ein öffentliches Unglück prophezeien, vorläufig so lange einsperrt, bis ihre Weissagung in Erfüllung gegangen. Nein, die Götter haben unsere Literatur vor jenem Unglück bewahrt; der Schlegelsche Roman wurde bald, wegen seiner unzüchtigen Nichtigkeit, allgemein verworfen und ist jetzt verschollen. Lucinde ist der Name der Heldin dieses Romans, und sie ist ein sinnlich witziges Weib, oder vielmehr eine Mischung von Sinnlichkeit und Witz. Ihr Gebrechen ist eben, daß sie kein Weib ist, sondern eine unerquickliche Zusammensetzung von zwei Abstraktionen, Witz und Sinnlichkeit. Die Muttergottes mag es dem Verfasser verzeihen, daß er dieses Buch geschrieben; nimmermehr verzeihen es ihm die Musen.

Ein ähnlicher Roman, »Florentin« geheißen, wird dem seligen Schlegel irrtümlich zugeschrieben. Dieses Buch ist, wie man sagt, von seiner Gattin, einer Tochter des berühmten Moses Mendelssohn, die er ihrem ersten Gemahl entführt, und welche mit ihm zur römisch katholischen Kirche übertrat.

Ich glaube, daß es Fr. Schlegeln mit dem Katholizismus Ernst war. Von vielen seiner Freunde glaube ich es nicht. Es ist hier sehr schwer die Wahrheit zu ermitteln.

Religion und Heuchelei sind Zwillingsschwestern, und beide sehen sich so ähnlich, daß sie zuweilen nicht von einander zu unterscheiden sind. Dieselbe Gestalt, Kleidung und Sprache. Nur dehnt die letztere von beiden Schwestern etwas weicher die Worte und wiederholt öfter das Wörtchen »Liebe«. – Ich rede von Deutschland; in Frankreich ist die eine Schwester gestorben, und wir sehen die andere noch in tiefster Trauer.

Seit dem Erscheinen der Frau v. Staëlschen »de l'Allemagne«, hat Fr. Schlegel das Publikum noch mit zwei großen Werken beschenkt, die vielleicht seine besten sind und jedenfalls die rühmlichste Erwähnung verdienen. Es sind seine »Weisheit und Sprache der Indier«, und seine »Vorlesungen über die Geschichte der Literatur«. Durch das erstgenannte Buch hat er bei uns das Studium des Sanskrit nicht bloß eingeleitet, sondern auch begründet. Er wurde für Deutschland was William Jones für England war. In der genialsten Weise hat er das Sanskrit erlernt, und die wenigen Bruchstücke, die er in jenem Buche mitteilt, sind meisterhaft übersetzt. Durch sein tiefes Anschauungsvermögen erkannte er ganz die Bedeutung der epischen Versart der Indier, der Sloka, die so breit dahinflutet wie der Ganges, der heilig klare Fluß. Wie kleinlich zeigte sich dagegen Herr A. W. Schlegel, welcher einige Fragmente aus dem Sanskrit in Hexametern übersetzte, und sich dabei nicht genug zu rühmen wußte, daß er in seiner Übersetzung keine Trochäen einschlüpfen lassen und so manches metrische Kunststückchen der Alexandriner nachgeschnitzelt hat. Fr. Schlegels Werk über Indien ist gewiß ins Französische übersetzt, und ich kann mir das weitere Lob ersparen. Zu tadeln habe ich nur den Hintergedanken des Buches. Es ist im Interesse des Katholizismus geschrieben. Nicht bloß die Mysterien desselben, sondern auch die ganze katholische Hierarchie und ihre Kämpfe mit der weltlichen Macht hatten diese Leute in den indischen Gedichten wiedergefunden. Im »Mahabharata« und im »Ramayana« sahen sie gleichsam ein Elefanten-Mittelalter. In der Tat, wenn, in letzterwähntem Epos, der König Wiswamitra mit dem Priester Wasischta hadert, so betrifft solcher Hader dieselben Interessen, um die bei uns der Kaiser mit dem Papste stritt, obgleich der Streitpunkt hier in Europa die Investitur und dort in Indien die Kuh Sabala genannt ward.

In Betreff der Schlegelschen Vorlesungen über Literatur läßt sich Ähnliches rügen. Friedrich Schlegel übersieht hier die ganze Literatur von einem hohen Standpunkte aus, aber dieser hohe Standpunkt ist doch immer der Glockenturm einer katholischen Kirche. Und bei allem, was Schlegel sagt, hört man diese Glocken läuten; manchmal hört man sogar die Turmraben krächzen, die ihn umflattern. Mir ist als dufte der Weihrauch des Hochamts aus diesem Buche, und als sähe ich aus den schönsten Stellen desselben lauter tonsurierte Gedanken hervorlauschen. Indessen, trotz dieser Gebrechen, wüßte ich kein besseres Buch dieses Fachs. Nur durch Zusammenstellung der Herderschen Arbeiten solcher Art könnte man sich eine bessere Übersicht der Literatur aller Völker verschaffen. Denn Herder saß nicht wie ein literarischer Großinquisitor zu Gericht über die verschiedenen Nationen, und verdammte oder absolvierte sie nach dem Grade ihres Glaubens. Nein, Herder betrachtete die ganze Menschheit als eine große Harfe in der Hand des großen Meisters, jedes Volk dünkte ihm eine besonders gestimmte Saite dieser Riesenharfe, und er begriff die Universal-Harmonie ihrer verschiedenen Klänge.

Fr. Schlegel starb im Sommer 1829, wie man sagte, infolge einer gastronomischen Unmäßigkeit. Er wurde 57 Jahre alt. Sein Tod veranlaßte einen der widerwärtigsten literarischen Skandale. Seine Freunde, die Pfaffenpartei, deren Hauptquartier in München, waren ungehalten über die inoffiziose Weise, womit die liberale Presse diesen Todesfall besprochen; sie verlästerten und schimpften und schmähten daher die deutschen Liberalen. Jedoch von keinem derselben konnten sie sagen: »daß er das Weib seines Gastfreundes verführt und noch lange Zeit nachher von den Almosen des beleidigten Gatten gelebt habe«.

Ich muß jetzt, weil man es doch verlangt, von dem älteren Bruder, Herrn A. W. Schlegel, sprechen. Wollte ich in Deutschland noch von ihm reden, so würde man mich dort mit Verwunderung ansehen.

Wer spricht jetzt noch in Paris von der Giraffe?

Herr A. W. Schlegel ist geboren zu Hannover den 5ten September 1767. Ich weiß das nicht von ihm selber. Ich war nie so ungalant ihn über sein Alter zu befragen. Jenes Datum fand ich, wenn ich nicht irre, in Spindlers »Lexikon der deutschen Schriftstellerinnen«. Herr A. W. Schlegel ist daher jetzt 64 Jahre alt. Herr Alexander v. Humboldt und andere Naturforscher behaupten er sei älter. Auch Champollion war dieser Meinung. Wenn ich von seinen literarischen Verdiensten reden soll, so muß ich ihn wieder zunächst als Übersetzer rühmen. Hier hat er unbestreitbar das Außerordentliche geleistet. Namentlich seine Übertragung des Shakespeare in die deutsche Sprache ist meisterhaft, unübertreffbar. Vielleicht mit Ausnahme des Herren Gries und des Herren Grafen Platen, ist Herr A. W. Schlegel überhaupt der größte Metriker Deutschlands. In allen übrigen Tätigkeiten gebührt ihm nur der zweite, wo nicht gar der dritte Rang. In der ästhetischen Kritik fehlt ihm, wie ich schon gesagt, der Boden einer Philosophie, und weit überragen ihn andere Zeitgenossen, namentlich Solger. Im Studium des Altdeutschen steht turmhoch über ihn erhaben Herr Jakob Grimm, der uns, durch seine deutsche Grammatik, von jener Oberflächlichkeit befreite, womit man, nach dem Beispiel der Schlegel, die altdeutschen Sprachdenkmale erklärt hatte. Herr Schlegel konnte es vielleicht im Studium des Altdeutschen weit bringen, wenn er nicht ins Sanskrit hinübergesprungen wäre. Aber das Altdeutsche war außer Mode gekommen und mit dem Sanskrit konnte man frisches Aufsehen erregen. Auch hier blieb er gewissermaßen Dilettant, die Initiative seiner Gedanken gehört noch seinem Bruder Friedrich, und das Wissenschaftliche, das Reelle in seinen sanskritischen Leistungen gehört, wie jeder weiß, dem Herren Lassen, seinem gelehrten Kollaborator. Herr Franz Bopp zu Berlin ist in Deutschland der eigentliche Sanskritgelehrte, er ist der Erste in seinem Fache. In der Geschichtskunde hat sich Herr Schlegel einmal an dem Ruhme Niebuhrs, den er angriff, festkrämpen wollen; aber vergleicht man ihn mit diesem großen Forscher, oder vergleicht man ihn mit einem Johannes v. Müller, einem Heeren, einem Schlosser und ähnlichen Historikern, so muß man über ihn die Achsel zucken. Wie weit hat er es aber als Dichter gebracht? Dies ist schwer zu bestimmen.

Der Violinspieler Solomons, welcher dem König von England, Georg III., Unterricht gab, sagte einst zu seinem erhabenen Schüler: »die Violinspieler werden eingeteilt in drei Klassen; zur ersten Klasse gehören die, welche gar nicht spielen können, zur zweiten Klasse gehören die, welche sehr schlecht spielen, und zur dritten Klasse gehören endlich die, welche gut spielen; Ew. Majestät hat sich schon bis zur zweiten Klasse emporgeschwungen.«

Gehört nun Herr A. W. Schlegel zur ersten Klasse oder zur zweiten Klasse? Die Einen sagen, er sei gar kein Dichter; die Anderen sagen, er sei ein sehr schlechter Dichter. So viel weiß ich, er ist kein Paganini.

Seine Berühmtheit erlangte Herr A. W. Schlegel eigentlich nur durch die unerhörte Keckheit, womit er die vorhandenen literarischen Autoritäten angriff. Er riß die Lorbeerkränze von den alten Perücken und erregte bei dieser Gelegenheit viel Puderstaub. Sein Ruhm ist eine natürliche Tochter des Skandals.

Wie ich schon mehrmals erwähnt, die Kritik, womit Herr Schlegel die vorhandenen Autoritäten angriff, beruhte durchaus auf keiner Philosophie. Nachdem wir von jenem Erstaunen, worin jede Vermessenheit uns versetzt, zurückgekommen, erkennen wir ganz und gar die innere Leerheit der sogenannten Schlegelschen Kritik. Z. B. wenn er den Dichter Bürger herabsetzen will, so vergleicht er dessen Balladen mit den altenglischen Balladen, die Percy gesammelt, und er zeigt wie diese viel einfacher, naiver, altertümlicher und folglich poetischer gedichtet seien. Hinlänglich begriffen hat Herr Schlegel den Geist der Vergangenheit, besonders des Mittelalters, und es gelingt ihm daher diesen Geist auch in den Kunstdenkmälern der Vergangenheit nachzuweisen, und ihre Schönheiten aus diesem Gesichtspunkte zu demonstrieren. Aber alles was Gegenwart ist, begreift er nicht; höchstens erlauscht er nur etwas von der Physiognomie, einige äußerliche Züge der Gegenwart, und das sind gewöhnlich die minder schönen Züge; indem er nicht den Geist begreift, der sie belebt, so sieht er in unserm ganzen modernen Leben nur eine prosaische Fratze. Überhaupt, nur ein großer Dichter vermag die Poesie seiner eignen Zeit zu erkennen; die Poesie einer Vergangenheit offenbart sich uns weit leichter, und ihre Erkenntnis ist leichter mitzuteilen. Daher gelang es Herrn Schlegel beim großen Haufen die Dichtungen, worin die Vergangenheit eingesargt liegt, auf Kosten der Dichtungen, worin unsere moderne Gegenwart atmet und lebt, emporzupreisen. Aber der Tod ist nicht poetischer als das Leben. Die altenglischen Gedichte, die Percy gesammelt, geben den Geist ihrer Zeit, und Bürgers Gedichte geben den Geist der unsrigen. Diesen Geist begriff Herr Schlegel nicht; sonst würde er in dem Ungestüm, womit dieser Geist zuweilen aus den Bürgerschen Gedichten hervorbricht, keineswegs den rohen Schrei eines ungebildeten Magisters gehört haben, sondern vielmehr die gewaltigen Schmerzlaute eines Titanen, welchen eine Aristokratie von hannövrischen Junkern und Schulpedanten zu Tode quälten. Dieses war nämlich die Lage des Verfassers der »Leonore«, und die Lage so mancher anderen genialen Menschen, die als arme Dozenten in Göttingen darbten, verkümmerten, und in Elend starben. Wie konnte der vornehme, von vornehmen Gönnern beschützte, renovierte, baronisierte, bebänderte Ritter August Wilhelm von Schlegel jene Verse begreifen, worin Bürger laut ausruft: daß ein Ehrenmann, ehe er die Gnade der Großen erbettle, sich lieber aus der Welt heraushungern solle!

Der Name »Bürger« ist im Deutschen gleichbedeutend mit dem Worte citoyen.

Was den Ruhm des Herrn Schlegel noch gesteigert, war das Aufsehen, welches er später hier in Frankreich erregte, als er auch die literarischen Autoritäten der Franzosen angriff. Wir sahen mit stolzer Freude, wie unser kampflustiger Landsmann den Franzosen zeigte, daß ihre ganze klassische Literatur nichts wert sei, daß Molière ein Possenreißer und kein Dichter sei, daß Racine ebenfalls nichts tauge, daß man uns Deutschen hingegen als die Könige des Parnassus betrachten müsse. Sein Refrain war immer, daß die Franzosen das prosaischste Volk der Welt seien und daß es in Frankreich gar keine Poesie gäbe. Dieses sagte der Mann zu einer Zeit, als vor seinen Augen noch so mancher Chorführer der Konvention, der großen Titanentragödie, leibhaftig umherwandelte; zu einer Zeit als Napoleon jeden Tag ein gutes Epos improvisierte, als Paris wimmelte von Helden, Königen und Göttern ... Herr Schlegel hat jedoch von dem allem nichts gesehen; wenn er hier war, sah er sich selber beständig im Spiegel, und da ist es wohl erklärlich, daß er in Frankreich gar keine Poesie sah.

Aber Herr Schlegel, wie ich schon oben gesagt, vermochte immer nur die Poesie der Vergangenheit und nicht der Gegenwart zu begreifen. Alles was modernes Leben ist, mußte ihm prosaisch erscheinen, und unzugänglich blieb ihm die Poesie Frankreichs, des Mutterbodens der modernen Gesellschaft. Racine mußte gleich der Erste sein, den er nicht begreifen konnte. Denn dieser große Dichter steht schon als Herold der modernen Zeit neben dem großen Könige, mit welchem die moderne Zeit beginnt. Racine war der erste moderne Dichter, wie Ludwig XIV. der erste moderne König war. In Corneille atmet noch das Mittelalter. In ihm und in der Fronde röchelt noch das alte Rittertum. Man nennt ihn auch deshalb manchmal romantisch. In Racine ist aber die Denkweise des Mittelalters ganz erloschen; in ihm erwachen lauter neue Gefühle; er ist das Organ einer neuen Gesellschaft; in seiner Brust dufteten die ersten Veilchen unseres modernen Lebens; ja wir könnten sogar schon die Lorbeeren darin knospen sehen, die erst später, in der jüngsten Zeit, so gewaltig emporgeschossen. Wer weiß, wie viel Taten aus Racines zärtlichen Versen erblüht sind! Die französischen Helden, die bei den Pyramiden, bei Marengo, bei Austerlitz, bei Moskau und bei Waterloo begraben liegen, sie hatten alle einst Racines Verse gehört, und ihr Kaiser hatte sie gehört aus dem Munde Talmas. Wer weiß, wie viel Zentner Ruhm von der Vendomesäule eigentlich dem Racine gebührt! Ob Euripides ein größerer Dichter ist als Racine, das weiß ich nicht. Aber ich weiß, daß letzterer eine lebendige Quelle von Liebe und Ehrgefühl war, und mit seinem Tranke ein ganzes Volk berauscht und entzückt und begeistert hat. Was verlangt Ihr mehr von einem Dichter? Wir sind alle Menschen, wir steigen ins Grab und lassen zurück unser Wort, und wenn dieses seine Mission erfüllt hat, dann kehrt es zurück in die Brust Gottes, den Sammelplatz der Dichterworte, die Heimat aller Harmonie.

Hätte sich nun Herr Schlegel darauf beschränkt, zu behaupten, daß die Mission des Racinischen Wortes vollendet sei, und daß die fortgerückte Zeit ganz anderer Dichter bedürfe: so hätten seine Angriffe einigen Grund. Aber grundlos waren sie, wenn er Racines Schwäche durch eine Vergleichung mit älteren Dichtern erweisen wollte. Nicht bloß ahnte er nichts von der unendlichen Anmut, dem süßen Scherz, dem tiefen Reiz, welcher darin lag, daß Racine seine neuen französischen Helden mit antiken Gewändern kostümierte, und zu dem Interesse einer modernen Leidenschaft noch das Interessante einer geistreichen Maskerade mischte: Herr Schlegel war sogar tölpelhaft genug, jene Vermummung für bare Münze zu nehmen, die Griechen von Versailles nach den Griechen von Athen zu beurteilen, und die »Phädra« des Racine mit der »Phädra« des Euripides zu vergleichen! Diese Manier, die Gegenwart mit dem Maßstabe der Vergangenheit zu messen, war bei Herren Schlegel so eingewurzelt, daß er immer mit dem Lorbeerzweig eines älteren Dichters den Rücken der jüngeren Dichter zu geißeln pflegte, und daß er, um wieder den Euripides selber herabzusetzen, nichts Besseres wußte, als daß er ihn mit dem älteren Sophokles, oder gar mit dem Äschylus verglich.

Es würde zu weit führen, wollte ich hier entwickeln wie Herr Schlegel gegen den Euripides, den er in jener Manier herabzuwürdigen gesucht, ebenso, wie einst Aristophanes, das größte Unrecht verübt. Letzterer, der Aristophanes, befand sich, in dieser Hinsicht, auf einem Standpunkte, welcher mit dem Standpunkte der romantischen Schule die größte Ähnlichkeit darbietet; seiner Polemik liegen ähnliche Gefühle und Tendenzen zum Grunde, und wenn man Herrn Tieck einen romantischen Aristophanes nannte, so könnte man mit Fug den Parodisten des Euripides und des Sokrates einen klassischen Tieck nennen. Wie Herr Tieck und die Schlegel, trotz der eignen Ungläubigkeit, dennoch den Untergang des Katholizismus bedauerten; wie sie diesen Glauben bei der Menge zu restaurieren wünschten; wie sie in dieser Absicht die protestantischen Rationalisten, die Aufklärer, die echten noch mehr als die falschen, mit Spott und Verlästerung befehdeten; wie sie gegen Männer, die im Leben und in der Literatur, eine ehrsame Bürgerlichkeit beförderten, die grimmigste Abneigung hegten; wie sie diese Bürgerlichkeit als philisterhafte Kleinmisere persiflierten, und dagegen beständig das große Heldenleben des feudalistischen Mittelalters gerühmt und gefeiert: so hat auch Aristophanes, welcher selber die Götter verspöttelte, dennoch die Philosophen gehaßt, die dem ganzen Olymp den Untergang bereiteten; er haßte den rationalistischen Sokrates, welcher eine bessere Moral predigte; er haßte die Dichter, die gleichsam schon ein modernes Leben aussprachen, welches sich von der früheren griechischen Götter-, Helden- und Königsperiode ebenso unterschied, wie unsere jetzige Zeit von den mittelalterlichen Feudalzeiten; er haßte den Euripides, welcher nicht mehr wie Äschylus und Sophokles von dem griechischen Mittelalter trunken war, sondern sich schon der bürgerlichen Tragödie näherte. Ich zweifle ob sich Herr Schlegel der wahren Beweggründe bewußt war, warum er den Euripides so sehr herabsetzte, in Vergleichung mit Äschylus und Sophokles: ich glaube ein unbewußtes Gefühl leitete ihn, in dem alten Tragiker roch er das modern demokratische und protestantische Element, welches schon dem ritterschaftlichen und olympisch katholischen Aristophanes so sehr verhaßt war.

Vielleicht aber erzeige ich Herren A. W. Schlegel eine unverdiente Ehre, indem ich ihm bestimmte Sympathien und Antipathien beimesse. Es ist möglich, daß er gar keine hatte. Er war in seiner Jugend ein Hellenist und wurde erst später ein Romantiker. Er wurde Chorführer der neuen Schule, diese wurde nach ihm und seinem Bruder benamset, und er selber war vielleicht derjenige, dem es mit der Schlegelschen Schule am wenigsten Ernst war. Er unterstützte sie mit seinen Talenten, er studierte sich in sie hinein, er freute sich damit so lang es gut ging, und als es mit der Schule ein schlechtes Ende nahm, hat er sich wieder in ein neues Fach hineinstudiert.

Obgleich nun die Schule zu Grunde ging, so haben doch die Anstrengungen des Herren Schlegel gute Früchte getragen für unsere Literatur. Namentlich hatte er gezeigt, wie man wissenschaftliche Gegenstände in eleganter Sprache behandeln kann. Früherhin wagten wenige deutsche Gelehrte ein wissenschaftliches Buch in einem klaren und anziehenden Stile zu schreiben. Man schrieb ein verworrenes, trockenes Deutsch, welches nach Talglichtern und Tabak roch. Herr Schlegel gehörte zu den wenigen Deutschen die keinen Tabak rauchen, eine Tugend, welche er der Gesellschaft der Frau v. Staël verdankte. Überhaupt verdankt er jener Dame die äußere Politur, welche er in Deutschland mit so vielem Vorteil geltend machen konnte. In dieser Hinsicht war der Tod der vortrefflichen Frau v. Staël ein großer Verlust für diesen deutschen Gelehrten, der in ihrem Salon so viele Gelegenheit fand, die neuesten Moden kennen zu lernen, und, als ihr Begleiter in allen Hauptstädten Europas, die schöne Welt sehen und sich die schönsten Weltsitten aneignen konnte. Solche bildende Verhältnisse waren ihm so sehr zum heiteren Lebensbedürfnis geworden, daß er, nach dem Tode seiner edlen Beschützerin, nicht abgeneigt war, der berühmten Catalani seine Begleitung auf ihren Reisen anzubieten.

Wie gesagt, die Beförderung der Eleganz ist ein Hauptverdienst des Herren Schlegel, und durch ihn kam auch in das Leben der deutschen Dichter mehr Zivilisation. Schon Goethe hatte das einflußreichste Beispiel gegeben, wie man ein deutscher Dichter sein kann, und dennoch den äußerlichen Anstand zu bewahren vermag. In früheren Zeiten verachteten die deutschen Dichter alle konventionellen Formen, und der Name »deutscher Dichter« oder gar der Name »poetisches Genie« erlangte die unerfreulichste Bedeutung.

Ein deutscher Dichter war ehemals ein Mensch, der einen abgeschabten, zerrissenen Rock trug, Kindtauf- und Hochzeitgedichte für einen Taler das Stück verfertigte, statt der guten Gesellschaft, die ihn abwies, desto bessere Getränke genoß, auch wohl des Abends betrunken in der Gosse lag, zärtlich geküßt von Lunas gefühlvollen Strahlen. Wenn sie alt geworden, pflegten diese Menschen noch tiefer in ihr Elend zu versinken, und es war freilich ein Elend ohne Sorge, oder dessen einzige Sorge darin besteht: wo man den meisten Schnaps für das wenigste Geld haben kann?

So hatte auch ich mir einen deutschen Dichter vorgestellt. Wie angenehm verwundert war ich daher Anno 1819, als ich, ein ganz junger Mensch, die Universität Bonn besuchte, und dort die Ehre hatte, den Herrn Dichter A. W. Schlegel, das poetische Genie, von Angesicht zu Angesicht zu sehen. Es war, mit Ausnahme des Napoleon, der erste große Mensch den ich damals gesehen, und ich werde nie diesen erhabenen Anblick vergessen. Noch heute fühle ich den heiligen Schauer, der durch meine Seele zog, wenn ich vor seinem Katheder stand und ihn sprechen hörte. Ich trug damals einen weißen Flauschrock, eine rote Mütze, lange blonde Haare und keine Handschuhe. Herr A. W. Schlegel trug aber Glaceehandschuh und war noch ganz nach der neuesten Pariser Mode gekleidet; er war noch ganz parfümiert von guter Gesellschaft und eau de mille fleurs; er war die Zierlichkeit und die Eleganz selbst, und wenn er vom Großkanzler von England sprach, setzte er hinzu »mein Freund«, und neben ihm stand sein Bedienter in der freiherrlichst Schlegelschen Hauslivree, und putzte die Wachslichter, die auf silbernen Armleuchtern brannten, und nebst einem Glase Zuckerwasser vor dem Wundermanne auf dem Katheder standen. Livreebedienter! Wachslichter! silberne Armleuchter! mein Freund der Großkanzler von England! Glaceehandschuh! Zuckerwasser! Welch unerhörte Dinge im Kollegium eines deutschen Professors! Dieser Glanz blendete uns junge Leute nicht wenig, und mich besonders, und ich machte auf Herren Schlegel damals drei Oden, wovon jede anfing mit den Worten: O du, der du, usw. Aber nur in der Poesie hätte ich es gewagt, einen so vornehmen Mann zu duzen. Sein Äußeres gab ihm wirklich eine gewisse Vornehmheit. Auf seinem dünnen Köpfchen glänzten nur noch wenige silberne Härchen, und sein Leib war so dünn, so abgezehrt, so durchsichtig, daß er ganz Geist zu sein schien, daß er fast aussah wie ein Sinnbild des Spiritualismus.

Trotzdem hatte er damals geheuratet, und er, der Chef der Romantiker, heuratete die Tochter des Kirchenrat Paulus zu Heidelberg, des Chefs der deutschen Rationalisten. Es war eine symbolische Ehe, die Romantik vermählte sich gleichsam mit dem Rationalismus; sie blieb aber ohne Früchte. Im Gegenteil, die Trennung zwischen der Romantik und dem Rationalismus wurde dadurch noch größer, und schon gleich am andern Morgen nach der Hochzeitnacht lief der Rationalismus wieder nach Hause, und wollte nichts mehr mit der Romantik zu schaffen haben. Denn der Rationalismus, wie er denn immer vernünftig ist, wollte nicht bloß symbolisch vermählt sein, und, sobald er die hölzerne Nichtigkeit der romantischen Kunst erkannt, lief er davon. Ich weiß, ich rede hier dunkel und will mich daher so klar als möglich ausdrücken:

Typhon, der böse Typhon, haßte den Osiris (welcher, wie Ihr wißt, ein ägyptischer Gott ist), und als er ihn in seine Gewalt bekam, riß er ihn in Stücken. Isis, die arme Isis, die Gattin des Osiris, suchte diese Stücke mühsam zusammen, flickte sie aneinander und es gelang ihr den zerrissenen Gatten wieder ganz herzustellen; ganz? ach nein, es fehlte ein Hauptstück, welches die arme Göttin nicht wiederfinden konnte, arme Isis! Sie mußte sich daher begnügen mit einer Ergänzung von Holz, aber Holz ist nur Holz, arme Isis! Hierdurch entstand nun in Ägypten ein skandaloser Mythos und in Heidelberg ein mystischer Skandal.

Herrn A. W. Schlegel verlor man seitdem ganz außer Augen. Er war verschollen. Mißmut über solches Vergessenwerden trieb ihn endlich, nach langjähriger Abwesenheit, wieder einmal nach Berlin, der ehemaligen Hauptstadt seines literärischen Glanzes, und er hielt dort wieder einige Vorlesungen über Ästhetik. Aber er hatte unterdessen nichts Neues gelernt, und er sprach jetzt zu einem Publikum, welches von Hegel eine Philosophie der Kunst, eine Wissenschaft der Ästhetik, erhalten hatte. Man spottete und zuckte die Achsel. Es ging ihm wie einer alten Komödiantin, die nach zwanzigjähriger Abwesenheit den Schauplatz ihres ehemaligen Sukzeß wieder betritt, und nicht begreift warum die Leute lachen statt zu applaudieren. Der Mann hatte sich entsetzlich verändert und er ergötzte Berlin vier Wochen lang durch die Etalage seiner Lächerlichkeiten. Er war ein alter eitler Geck geworden, der sich überall zum Narren halten ließ. Man erzählt darüber die unglaublichsten Dinge.

Hier in Paris hatte ich die Betrübnis, Herrn A. W. Schlegel persönlich wieder zu sehen. Wahrlich, von dieser Veränderung hatte ich doch keine Vorstellung, bis ich mich mit eigenen Augen davon überzeugte. Es war vor einem Jahre, kurz nach meiner Ankunft in der Hauptstadt. Ich ging eben das Haus zu sehen, worin Molière gewohnt hat; denn ich ehre große Dichter, und suche überall mit religiöser Andacht die Spuren ihres irdischen Wandels. Das ist ein Kultus. Auf meinem Wege, unfern von jenem geheiligten Hause, erblickte ich ein Wesen, in dessen verwebten Zügen sich eine Ähnlichkeit mit dem ehemaligen A. W. Schlegel kund gab. Ich glaubte seinen Geist zu sehen. Aber es war nur sein Leib. Der Geist ist tot und der Leib spukt noch auf der Erde, und er ist unterdessen ziemlich fett geworden; an den dünnen spiritualistischen Beinen hatte sich wieder Fleisch angesetzt; es war sogar ein Bauch zu sehen, und oben drüber hingen eine Menge Ordensbänder. Das sonst so feine greise Köpfchen trug eine goldgelbe Perücke. Er war gekleidet nach der neuesten Mode jenes Jahrs, in welchem Frau v. Staël gestorben. Dabei lächelte er so veraltet süß, wie eine bejahrte Dame, die ein Stück Zucker im Munde hat, und bewegte sich so jugendlich wie ein kokettes Kind. Es war wirklich eine sonderbare Verjüngung in ihm vorgegangen; er hatte gleichsam eine spaßhafte zweite Auflage seiner Jugend erlebt; er schien ganz wieder in die Blüte gekommen zu sein, und die Röte seiner Wangen habe ich sogar in Verdacht, daß sie keine Schminke war, sondern eine gesunde Ironie der Natur.

Mir war in diesem Augenblick als sähe ich den seligen Molière am Fenster stehen, und als lächelte er zu mir herab, hindeutend auf jene melancholisch heitere Erscheinung. Alle Lächerlichkeit derselben ward mir auf einmal so ganz einleuchtend; ich begriff die ganze Tiefe und Fülle des Spaßes, der darin enthalten war; ich begriff ganz den Lustspielcharakter jener fabelhaft ridikülen Personnage, die leider keinen großen Komiker gefunden hat um sie gehörig für die Bühne zu benutzen. Molière allein wäre der Mann gewesen, der eine solche Figur für das Theater Français bearbeiten konnte, er allein hatte das dazu nötige Talent; – und das ahnte Herr A. W. Schlegel schon frühzeitig, und er haßte den Molière aus demselben Grunde, weshalb Napoleon den Tacitus gehaßt hat. Wie Napoleon Bonaparte, der französische Cäsar, wohl fühlte, daß ihn der republikanische Geschichtschreiber ebenfalls nicht mit Rosenfarben geschildert hätte: so hatte auch Herr A. W. Schlegel, der deutsche Osiris, längst geahnt, daß er dem Molière, dem großen Komiker, wenn dieser jetzt lebte, nimmermehr entgangen wäre. Und Napoleon sagte von Tacitus, er sei der Verleumder des Tiberius, und Herr August Wilhelm Schlegel sagte von Molière, daß er gar kein Dichter, sondern nur ein Possenreißer gewesen sei.

Herr A. W. Schlegel verließ bald darauf Paris, nachdem er vorher von Sr. Majestät, Ludwig Philipp I., König der Franzosen, mit dem Orden der Ehrenlegion dekoriert worden. Der »Moniteur« hat bis jetzt noch gezögert, diese Begebenheit gehörig zu berichten; aber Thalia, die Muse der Komödie, hat sie hastig aufgezeichnet in ihr lachendes Notizenbuch.

II

Nach den Schlegeln war Herr Ludwig Tieck einer der tätigsten Schriftsteller der romantischen Schule. Für diese kämpfte und dichtete er. Er war Poet, ein Name, den keiner von den beiden Schlegeln verdient. Er war der wirkliche Sohn des Phöbus Apollo, und, wie sein ewig jugendlicher Vater, führte er nicht bloß die Leier, sondern auch den Bogen mit dem Köcher voll klingender Pfeile. Er war trunken von lyrischer Lust und kritischer Grausamkeit, wie der delphische Gott. Hatte er, gleich diesem, irgend einen literarischen Marsyas erbärmlichst geschunden, dann griff er, mit den blutigen Fingern, wieder lustig in die goldenen Saiten seiner Leier und sang ein freudiges Minnelied.

Die poetische Polemik, die Herr Tieck, in dramatischer Form, gegen die Gegner der Schule führte, gehört zu den außerordentlichsten Erscheinungen unserer Literatur. Es sind satirische Dramen, die man gewöhnlich mit den Lustspielen des Aristophanes vergleicht. Aber sie unterscheiden sich von diesen fast eben so wie eine Sophokleische Tragödie sich von einer Shakespearschen unterscheidet. Hatte nämlich die antike Komödie ganz den einheitlichen Zuschnitt, den strengen Gang und die zierlichst ausgebildete metrische Sprache der antiken Tragödie, als deren Parodie sie gelten konnte, so sind die dramatischen Satiren des Herrn Tieck ganz so abenteuerlich zugeschnitten, ganz so englisch unregelmäßig und so metrisch willkürlich wie die Tragödien des Shakespeare. War diese Form eine neue Erfindung des Herrn Tieck? Nein, sie existierte bereits unter dem

Volke, namentlich unter dem Volke in Italien. Wer Italienisch versteht, kann sich einen ziemlich richtigen Begriff jener Tieckschen Dramen verschaffen, wenn er sich in die buntscheckig bizarren, venezianisch phantastischen Märchen-Komödien des Gozzi noch etwas deutschen Mondschein hineinträumt. Sogar die meisten seiner Masken hat Herr Tieck diesem heiteren Kinde der Lagunen entlehnt. Nach seinem Beispiel haben viele deutsche Dichter sich ebenfalls dieser Form bemächtigt, und wir erhielten Lustspiele, deren komische Wirkung nicht durch einen launigen Charakter oder durch eine spaßhafte Intrige herbeigeführt wird, sondern die uns gleich unmittelbar in eine komische Welt versetzen, in eine Welt, wo die Tiere wie Menschen sprechen und handeln, und wo Zufall und Willkür an die Stelle der natürlichen Ordnung der Dinge getreten ist. Dieses finden wir auch bei Aristophanes. Nur daß letzterer diese Form gewählt, um uns seine tiefsinnigsten Weltanschauungen zu offenbaren, wie z. B. in den »Vögeln«, wo das wahnwitzigste Treiben der Menschen, ihre Sucht, in der leeren Luft die herrlichsten Schlösser zu bauen, ihr Trotz gegen die ewigen Götter, und ihre eingebildete Siegesfreude in den possierlichsten Fratzen dargestellt ist. Darum eben ist Aristophanes so groß, weil seine Weltansicht so groß war, weil sie größer, ja tragischer war als die der Tragiker selbst, weil seine Komödien wirklich »scherzende Tragödien« waren; denn z. B. Paisteteros wird nicht am Ende des Stückes, wie etwa ein moderner Dichter tun würde, in seiner lächerlichen Nichtigkeit dargestellt, sondern vielmehr er gewinnt die Basilea, die schöne wundermächtige

Basilea, er steigt mit dieser himmlischen Gemahlin empor in seine Luftstadt, die Götter sind gezwungen, sich seinem Willen zu fügen, die Narrheit feiert ihre Vermählung mit der Macht, und das Stück schließt mit jubelnden Hymenäen. Gibt es für einen vernünftigen Menschen etwas grauenhaft Tragischeres als dieser Narrensieg und Narrentriumph! So hoch aber verstiegen sich nicht unsere deutschen Aristophanesse; sie enthielten sich jeder höheren Weltanschauung; über die zwei wichtigsten Verhältnisse des Menschen, das politische und das religiöse, schwiegen sie mit großer Bescheidenheit; nur das Thema, das Aristophanes in den »Fröschen« besprochen, wagten sie zu behandeln: zum Hauptgegenstand ihrer dramatischen Satire wählten sie das Theater selbst, und sie satirisierten, mit mehr oder minderer Laune, die Mängel unserer Bühne.

Aber man muß auch den politisch unfreien Zustand Deutschlands berücksichtigen. Unsere Witzlinge müssen sich, in Betreff wirklicher Fürsten, aller Anzüglichkeiten enthalten, und für diese Beschränkung wollen sie daher an den Theaterkönigen und Kulissenprinzen sich entschädigen. Wir, die wir fast gar keine räsonierende politische Journale besaßen, waren immer desto gesegneter mit einer Unzahl ästhetischer Blätter, die nichts als müßige Märchen und Theaterkritiken enthielten: so daß, wer unsere Blätter sah, beinahe glauben mußte, das ganze deutsche Volk bestände aus lauter schwatzenden Ammen und Theaterrezensenten. Aber man hätte uns doch Unrecht getan. Wie wenig solches klägliche Geschreibsel uns genügte, zeigte sich nach der Juliusrevolution, als es den Anschein gewann, daß ein freies Wort auch in unserem teuren Vaterland gesprochen werden dürfte. Es entstanden plötzlich Blätter, welche das gute oder schlechte Spiel der wirklichen Könige rezensierten, und mancher derselben, der seine Rolle vergessen, wurde in der eigenen Hauptstadt ausgepfiffen. Unsere literarischen Scheherezaden, welche das Publikum, den plumpen Sultan, mit ihren kleinen Novellen einzuschläfern pflegten, mußten jetzt verstummen, und die Komödianten sahen mit Verwunderung, wie leer das Parterre war, wenn sie noch so göttlich spielten, und wie sogar der Sperrsitz des furchtbaren Stadtkritikers sehr oft unbesetzt blieb. Früherhin hatten sich die guten Bretterhelden immer beklagt, daß nur sie und wieder sie zum öffentlichen Gegenstand der Besprechung dienen müßten, und daß sogar ihre häuslichen Tugenden in den Zeitungen enthüllt würden. Wie erschraken sie, als es den Anschein gewann, daß am Ende gar nicht mehr von ihnen die Rede sein möchte!

In der Tat, wenn in Deutschland die Revolution ausbrach, so hatte es ein Ende mit Theater und Theaterkritik, und die erschreckten Novellendichter, Komödianten und Theaterrezensenten fürchteten mit Recht: »daß die Kunst zu Grunde ginge«. Aber das Entsetzliche ist von unserem Vaterlande, durch die Weisheit und Kraft des Frankfurter Bundestages, glücklich abgewendet worden; es wird hoffentlich keine Revolution in Deutschland ausbrechen, vor der Guillotine und allen Schrecknissen der Preßfreiheit sind wir bewahrt, sogar die Deputiertenkammern, deren Konkurrenz den früher konzessionierten Theatern so viel geschadet, werden abgeschafft, und die Kunst ist gerettet. Für die Kunst wird jetzt in Deutschland alles mögliche getan, namentlich in Preußen. Die Museen strahlen in sinnreicher Farbenlust, die Orchester rauschen, die Tänzerinnen springen ihre süßesten Entrechats, mit tausend und eine Novelle wird das Publikum ergötzt, und es blüht wieder die Theaterkritik.

Justin erzählt in seinen Geschichten: Als Cyrus die Revolte der Lydier gestillt hatte, wußte er den störrigen, freiheitsüchtigen Geist derselben nur dadurch zu bezähmen, daß er ihnen befahl schöne Künste und sonstige lustige Dinge zu treiben. Von lydischen Emeuten war seitdem nicht mehr die Rede, desto berühmter aber wurden lydische Restaurateure, Kuppler und Artisten.

Wir haben jetzt Ruhe in Deutschland, die Theaterkritik und die Novelle wird wieder Hauptsache; und, da Herr Tieck in diesen beiden Leistungen exzelliert, so wird ihm von allen Freunden der Kunst, die gebührende Bewunderung gezollt. Er ist, in der Tat, der beste Novellist in Deutschland. Jedoch alle seine erzählenden Erzeugnisse sind weder von derselben Gattung, noch von demselben Werte. Wie bei den Malern, kann man auch bei Herrn Tieck mehrere Manieren unterscheiden. Seine erste Manier gehört noch ganz der früheren alten Schule. Er schrieb damals nur auf Antrieb und Bestellung eines Buchhändlers, welcher eben kein anderer war als der selige Nicolai selbst, der eigensinnigste Champion der Aufklärung und Humanität, der große Feind des Aberglaubens, des Mystizismus und der Romantik. Nicolai war ein schlechter Schriftsteller, eine prosaische Perücke, und er hat sich mit seiner Jesuitenriecherei oft sehr lächerlich gemacht. Aber wir Spätergeborenen, wir müssen doch eingestehn, daß der alte Nicolai ein grundehrlicher Mann war, der es redlich mit dem deutschen Volke meinte, und der aus Liebe für die heilige Sache der Wahrheit sogar das schlimmste Martyrtum, das Lächerlichwerden, nicht scheute. Wie man mir zu Berlin erzählt, lebte Herr Tieck früherhin in dem Hause dieses Mannes, er wohnte eine Etage höher als Nicolai, und die neue Zeit trampelte schon über dem Kopfe der alten Zeit.

Die Werke, die Herr Tieck in seiner ersten Manier schrieb, meistens Erzählungen und große lange Romane, worunter »William Lovel« der beste, sind sehr unbedeutend, ja sogar ohne Poesie. Es ist als ob diese poetisch reiche Natur in der Jugend geizig gewesen sei, und alle ihre geistigen Reichtümer für eine spätere Zeit aufbewahrt habe. Oder kannte Herr Tieck selber nicht die Reichtümer seiner eigenen Brust, und die Schlegel mußten diese erst mit der Wünschelrute entdecken? So wie Herr Tieck mit den Schlegeln in Berührung kam, erschlossen sich alle Schätze seiner Phantasie, seines Gemütes und seines Witzes. Da leuchteten die Diamanten, da quollen die klarsten Perlen, und vor allem blitzte da der Karfunkel, der fabelhafte Edelstein, wovon die romantischen Poeten damals so viel gesagt und gesungen. Diese reiche Brust war die eigentliche Schatzkammer, wo die Schlegel für ihre literärischen Feldzüge die Kriegskosten schöpften. Herr Tieck mußte für die Schule die schon erwähnten satirischen Lustspiele schreiben und zugleich nach den neuen ästhetischen Rezepten eine Menge Poesien jeder Gattung verfertigen. Das ist nun die zweite Manier des Herren Ludwig

Tieck. Seine empfehlenswertesten dramatischen Produkte in dieser Manier sind »der Kaiser Oktavian«, »die heilige Genoveva« und der »Fortunat«, drei Dramen, die den gleichnamigen Volksbüchern nachgebildet sind. Diese alten Sagen, die das deutsche Volk noch immer bewahrt, hat hier der Dichter in neuen kostbaren Gewanden gekleidet. Aber, ehrlich gestanden, ich liebe sie mehr in der alten naiven treuherzigen Form. So schön auch die Tiecksche »Genoveva« ist, so habe ich doch weit lieber das alte, zu Köln am Rhein sehr schlecht gedruckte Volksbuch mit seinen schlechten Holzschnitten, worauf aber gar rührend zu schauen ist, wie die arme nackte Pfalzgräfin nur ihre langen Haare zur keuschen Bedeckung hat, und ihren kleinen Schmerzenreich an den Zitzen einer mitleidigen Hirschkuh saugen läßt.

Weit kostbarer noch als jene Dramen sind die Novellen, die Herr Tieck in seiner zweiten Manier geschrieben. Auch diese sind meistens den alten Volkssagen nachgebildet. Die vorzüglichsten sind: »der blonde Eckbert« und »der Runenberg«. In diesen Dichtungen herrscht eine geheimnisvolle Innigkeit, ein sonderbares Einverständnis mit der Natur, besonders mit dem Pflanzen- und Steinreich. Der Leser fühlt sich da wie in einem verzauberten Walde; er hört die unterirdischen Quellen melodisch rauschen; er glaubt manchmal, im Geflüster der Bäume, seinen eigenen Namen zu vernehmen; die breitblättrigen Schlingpflanzen umstricken manchmal beängstigend seinen Fuß; wildfremde Wunderblumen schauen ihn an mit ihren bunten sehnsüchtigen Augen; unsichtbare Lippen küssen seine Wangen mit neckender Zärtlichkeit; hohe Pilze, wie goldne Glocken, wachsen klingend empor am Fuße der Bäume; große schweigende Vögel wiegen sich auf den Zweigen, und nicken herab mit ihren klugen, langen Schnäbeln; alles atmet, alles lauscht, alles ist schauernd erwartungsvoll: – da ertönt plötzlich das weiche Waldhorn, und auf weißem Zelter jagt vorüber ein schönes Frauenbild, mit wehenden Federn auf dem Barett, mit dem Falken auf der Faust. Und dieses schöne Fräulein ist so schön, so blond, so veilchenäugig, so lächelnd und zugleich so ernsthaft, so wahr und zugleich so ironisch, so keusch und zugleich so schmachtend, wie die Phantasie unseres vortrefflichen Ludwig Tieck. Ja, seine Phantasie ist ein holdseliges Ritterfräulein, das im Zauberwalde nach fabelhaften Tieren jagt, vielleicht gar nach dem seltenen Einhorn, das sich nur von einer reinen Jungfrau fangen läßt.

Eine merkwürdige Veränderung begibt sich aber jetzt mit Herrn Tieck, und diese bekundet sich in seiner dritten Manier. Als er nach dem Sturze der Schlegel eine lange Zeit geschwiegen, trat er wieder öffentlich auf, und zwar in einer Weise, wie man sie von ihm am wenigsten erwartet hätte. Der ehemalige Enthusiast, welcher einst, aus schwärmerischem Eifer, sich in den Schoß der katholischen Kirche begeben, welcher Aufklärung und Protestantismus so gewaltig bekämpft, welcher nur Mittelalter, nur feudalistisches Mittelalter atmete, welcher die Kunst nur in der naiven Herzensergießung liebte: dieser trat jetzt auf als Gegner der Schwärmerei, als Darsteller des modernsten Bürgerlebens, als Künstler, der in der Kunst das klarste Selbstbewußtsein verlangte, kurz als ein vernünftiger Mann. So sehen wir ihn in einer Reihe neuerer Novellen, wovon auch einige in Frankreich bekannt geworden. Das Studium Goethes ist darin sichtbar, so wie überhaupt Herr Tieck in seiner dritten Manier als ein wahrer Schüler Goethes erscheint. Dieselbe artistische Klarheit, Heiterkeit, Ruhe und Ironie. War es früher der Schlegelschen Schule nicht gelungen, den Goethe zu sich heranzuziehen, so sehen wir jetzt, wie diese Schule, repräsentiert von Herren Ludwig Tieck, zu Goethe überging. Dies mahnt an eine mahometanische Sage. Der Prophet hatte zu dem Berge gesagt: Berg, komm zu mir. Aber der Berg kam nicht. Und siehe! das größere Wunder geschah, der Prophet ging zu dem Berge.

Herr Tieck ist geboren zu Berlin, den 31ten Mai 1773. Seit einer Reihe Jahre hat er sich zu Dresden niedergelassen, wo er sich meistens mit dem Theater beschäftigte, und er, welcher in seinen früheren Schriften die Hofräte als Typus der Lächerlichkeit beständig persifliert hatte, er selber wurde jetzt königlich sächsischer Hofrat. Der liebe Gott ist doch immer noch ein größerer Ironiker als Herr Tieck.

Es ist jetzt ein sonderbares Mißverhältnis eingetreten zwischen dem Verstande und der Phantasie dieses Schriftstellers. Jener, der Tiecksche Verstand ist ein honetter, nüchterner Spießbürger, der dem Nützlichkeitssystem huldigt und nichts von Schwärmerei wissen will; jene aber, die Tiecksche Phantasie ist noch immer das ritterliche Frauenbild mit den wehenden Federn auf dem Barett, mit dem Falken auf der Faust. Diese beiden führen eine kuriose Ehe, und es ist manchmal betrübsam zu schauen, wie das arme hochadlige Weib dem trockenen bürgerlichen Gatten in seiner Wirtschaft, oder gar in seinem Käseladen, behülflich sein soll. Manchmal aber, des Nachts, wenn der Herr Gemahl, mit seiner baumwollnen Mütze über dem Kopfe, ruhig schnarcht, erhebt die edle Dame sich von dem ehelichen Zwangslager, und besteigt ihr weißes Roß, und jagt wieder lustig, wie sonst, im romantischen Zauberwald.

Ich kann nicht umhin zu bemerken, daß der Tiecksche Verstand, in seinen jüngsten Novellen, noch grämlicher geworden, und daß zugleich seine Phantasie von ihrer romantischen Natur immer mehr und mehr einbüßt, und in kühlen Nächten, sogar mit gähnendem Behagen, im Ehebette liegen bleibt und sich dem dürren Gemahle fast liebevoll anschließt.

Herr Tieck ist jedoch immer noch ein großer Dichter. Denn er kann Gestalten schaffen, und aus seinem Herzen dringen Worte, die unsere eigenen Herzen bewegen. Aber ein zages Wesen, etwas Unbestimmtes, Unsicheres, eine gewisse Schwächlichkeit ist nicht bloß jetzt, sondern war von jeher an ihm bemerkbar. Dieser Mangel an entschlossener Kraft gibt sich nur allzusehr kund in allem was er tat und schrieb. Wenigstens in allem was er schrieb, offenbart sich keine Selbständigkeit. Seine erste Manier zeigt ihn als gar nichts; seine zweite Manier zeigt ihn als einen getreuen Schildknappen der Schlegel; seine dritte Manier zeigt ihn als einen Nachahmer Goethes. Seine Theaterkritiken, die er unter dem Titel »dramaturgische Blätter« gesammelt, sind noch das Originalste, was er geliefert hat. Aber es sind Theaterkritiken.

Um den Hamlet ganz als Schwächling zu schildern, läßt Shakespeare ihn auch, im Gespräche mit den Komödianten, als einen guten Theaterkritiker erscheinen.

Mit den ernsten Disziplinen hatte sich Herr Tieck nie sonderlich befaßt. Er studierte moderne Sprachen und die älteren Urkunden unserer vaterländischen Poesie. Den klassischen Studien soll er immer fremd geblieben sein, als ein echter Romantiker. Nie beschäftigte er sich mit Philosophie; diese scheint ihm sogar widerwärtig gewesen zu sein. Auf den Feldern der Wissenschaft brach Herr Tieck nur Blumen und dünne Jerten, um mit ersteren die Nasen seiner Freunde, und mit letzteren die Rücken seiner Gegner zu regalieren. Mit dem gelehrten Feldbau hat er sich nie abgegeben. Seine Schriften sind Blumensträuße und Stockbündel; nirgends eine Garbe mit Kornähren.

Außer Goethe ist es Cervantes, welchen Herr Tieck am meisten nachgeahmt. Die humoristische Ironie, ich könnte auch sagen, den ironischen Humor dieser beiden modernen Dichter, verbreitet auch ihren Duft in den Novellen aus Herren Tiecks dritter Manier. Ironie und Humor sind da so verschmolzen, daß sie ein und dasselbe zu sein scheinen. Von dieser humoristischen Ironie ist viel bei uns die Rede, die Goethesche Kunstschule preist sie als eine besondere Herrlichkeit ihres Meisters, und sie spielt jetzt eine große Rolle in der deutschen Literatur. Aber sie ist nur ein Zeichen unserer politischen Unfreiheit, und wie Cervantes, zur Zeit der Inquisition, zu einer humoristischen Ironie seine Zuflucht nehmen mußte, um seine Gedanken anzudeuten, ohne den Familiaren des heiligen Offiz eine faßbare Blöße zu geben: so pflegte auch Goethe im Tone einer humoristischen Ironie dasjenige zu sagen, was er, der Staatsminister und Höfling, nicht unumwunden auszusprechen wagte. Goethe hat nie die Wahrheit verschwiegen, sondern, wo er sie nicht nackt zeigen durfte, hat er sie in Humor und Ironie gekleidet. Die Schriftsteller, die unter Zensur und Geisteszwang aller Art schmachten und doch nimmermehr ihre Herzensmeinung verleugnen können, sind ganz besonders auf die ironische und humoristische Form angewiesen. Es ist der einzige Ausweg, welcher der Ehrlichkeit noch übrig geblieben, und in der humoristisch ironischen Verstellung offenbart sich diese Ehrlichkeit noch am rührendsten. Dies mahnt mich wieder an den wunderlichen Prinzen von Dänemark. Hamlet ist die ehrlichste Haut von der Welt. Seine Verstellung dient nur um die Dehors zu ersetzen; er ist wunderlich, weil Wunderlichkeit die Hofetikette doch immer minder verletzt als eine dreinschlagende offene Erklärung. In allen seinen humoristisch ironischen Späßen läßt er immer absichtlich durchschauen, daß er sich nur verstellt; in allem was er tut und sagt, ist seine wirkliche Meinung ganz sichtbar, für jeden der sich auf Sehen versteht, und gar für den König, dem er die Wahrheit zwar nicht offen sagen kann (denn dazu ist er zu schwach), dem er sie aber keineswegs verbergen will. Hamlet ist durch und durch ehrlich; nur der ehrlichste Mensch konnte sagen: »wir sind alle Betrüger«, und, indem er sich wahnsinnig stellt, will er uns ebenfalls nicht täuschen, und er ist sich innerlich bewußt, daß er wirklich wahnsinnig ist.

Ich habe nachträglich noch zwei Arbeiten des Herren Tieck zu rühmen, wodurch er sich ganz besonders den Dank des deutschen Publikums erworben. Das sind seine Übersetzung einer Reihe englischer Dramen aus der vorshakespearschen Zeit, und seine Übersetzung des »Don Quixote«. Letztere ist ihm ganz besonders gelungen, keiner hat die närrische Grandezza des ingeniosen Hidalgo von La Mancha so gut begriffen und so treu wiedergegeben wie unser vortrefflicher Tieck.

Spaßhaft genug ist es, daß gerade die romantische Schule uns die beste Übersetzung eines Buches geliefert hat, worin ihre eigne Narrheit am ergötzlichsten durchgehechelt wird. Denn diese Schule war ja von demselben Wahnsinn befangen, der auch den edlen Manchaner zu allen seinen Narrheiten begeisterte; auch sie wollte das mittelalterliche Rittertum wieder restaurieren; auch sie wollte eine abgestorbene Vergangenheit wieder ins Leben rufen. Oder hat Miguel de Cervantes Saavedra in seinem närrischen Heldengedichte auch andere Ritter persiflieren wollen, nämlich alle Menschen, die für irgend eine Idee kämpfen und leiden? Hat er wirklich in seinem langen, dürren Ritter die idealische Begeisterung überhaupt, und in dessen dicken Schildknappen den realen Verstand parodieren wollen? Immerhin, letzterer spielt jedenfalls die lächerlichere Figur; denn der reale Verstand mit allen seinen hergebrachten gemeinnützigen Sprichwörtern, muß dennoch, auf seinem ruhigen Esel, hinter der Begeisterung einher trottieren; trotz seiner bessern Einsicht muß er und sein Esel alles Ungemach teilen, das dem edlen Ritter so oft zustößt: ja, die ideale Begeisterung ist von so gewaltig hinreißender Art, daß der reale Verstand, mitsamt seinen Eseln, ihr immer unwillkürlich nachfolgen muß.

Oder hat der tiefsinnige Spanier noch tiefer die menschliche Natur verhöhnen wollen? Hat er vielleicht in der Gestalt des Don Quixote unseren Geist, und in der Gestalt des Sancho Pansa unseren Leib allegorisiert, und das ganze Gedicht wäre alsdenn nichts anders als ein großes Mysterium, wo die Frage über den Geist und die Materie in ihrer gräßlichsten Wahrheit diskutiert wird? So viel sehe ich in dem Buche, daß der arme, materielle Sancho für die spirituellen Don Quixoterien sehr viel leiden muß, daß er für die nobelsten Absichten seines Herren sehr oft die ignobelsten Prügel empfängt, und daß er immer verständiger ist, als sein hochtrabender Herr; denn er weiß daß Prügel sehr schlecht, die Würstchen einer Olla-Potrida aber sehr gut schmecken. Wirklich, der Leib scheint oft mehr Einsicht zu haben, als der Geist, und der Mensch denkt oft viel richtiger mit Rücken und Magen, als mit dem Kopf.

III

Unter den Verrücktheiten der romantischen Schule in Deutschland verdient das unaufhörliche Rühmen und Preisen des Jakob Böhme eine besondere Erwähnung. Dieser Name war gleichsam das Schibboleth dieser Leute. Wenn sie den Namen Jakob Böhme aussprachen, dann schnitten sie ihre tiefsinnigen Gesichter. War das Ernst oder Spaß?

Jener Jakob Böhme war ein Schuster, der Anno 1575 zu Görlitz, in der Oberlausitz, das Licht der Welt erblickt und eine Menge theosophischer Schriften hinterlassen hat. Diese sind in deutscher Sprache geschrieben, und waren daher unsern Romantikern um so zugänglicher. Ob jener sonderbare Schuster ein so ausgezeichneter Philosoph gewesen ist, wie viele deutsche Mystiker behaupten, darüber kann ich nicht allzu genau urteilen, da ich ihn gar nicht gelesen; ich bin aber überzeugt, daß er keine so gute Stiefel gemacht hat wie Herr Sakoski. Die Schuster spielen überhaupt eine Rolle in unserer Literatur, und Hans Sachs, ein Schuster, welcher im Jahre 1494 zu Nürremberg geboren ist, und dort sein Leben verbracht, ward von der romantischen Schule als einer unserer besten Dichter gepriesen. Ich habe ihn gelesen, und ich muß gestehen, daß ich zweifle ob Herr Sakoski jemals so gute Verse gemacht hat, wie unser alter, vortrefflicher Hans Sachs.

Des Herren Schellings Einfluß auf die romantische Schule habe ich bereits angedeutet. Da ich ihn später besonders besprechen werde, kann ich mir hier seine ausführliche Beurteilung ersparen. Jedenfalls verdient dieser Mann unsere größte Aufmerksamkeit. Denn in früherer Zeit ist durch ihn in der deutschen Geisterwelt eine große Revolution entstanden, und in späterer Zeit hat er sich so verändert, daß die Unerfahrnen in die größten Irrtümer geraten, wenn sie den früheren Schelling mit dem jetzigen verwechseln möchten. Der frühere Schelling war ein kühner Protestant, der gegen den Fichteschen Idealismus protestierte. Dieser Idealismus war ein sonderbares System, das besonders einem Franzosen befremdlich sein muß. Denn während in Frankreich eine Philosophie aufkam, die den Geist gleichsam verkörperte, die den Geist nur als eine Modifikation der Materie anerkannte, kurz, während hier der Materialismus herrschend geworden: erhob sich in Deutschland eine Philosophie, die, ganz im Gegenteil, nur den Geist als etwas Wirkliches annahm, die alle Materie nur für eine Modifikation des Geistes erklärte, die sogar die Existenz der Materie leugnete. Es schien fast, der Geist habe jenseits des Rheins Rache gesucht für die Beleidigung, die ihm diesseits des Rheines widerfahren. Als man den Geist hier in Frankreich leugnete, da emigrierte er gleichsam nach Deutschland und leugnete dort die Materie. Fichte könnte man in dieser Beziehung als den Herzog von Braunschweig des Spiritualismus betrachten, und seine idealistische Philosophie wäre nichts als ein Manifest gegen den französischen Materialismus. Aber diese Philosophie, die wirklich die höchste Spitze des Spiritualismus bildet, konnte sich eben so wenig erhalten, wie der krasse Materialismus der Franzosen, und Herr Schelling war der Mann, welcher mit der Lehre auftrat: daß die Materie, oder, wie er es nannte, die Natur, nicht bloß in unserem Geiste, sondern auch in der Wirklichkeit existiere, daß unsere Anschauung von den Dingen identisch sei mit den Dingen selbst. Dieses ist nun die Schellingsche Identitätslehre oder, wie man sie auch nennt, die Naturphilosophie.

Solches geschah zu Anfang des Jahrhunderts. Herr Schelling war damals ein großer Mann. Unterdessen aber erschien Hegel auf dem philosophischen Schauplatz; Herr Schelling, welcher in den letzten Zeiten fast nichts schrieb, wurde verdunkelt, ja, er geriet in Vergessenheit und behielt nur noch eine literärhistorische Bedeutung. Die Hegelsche Philosophie ward die herrschende, Hegel ward Souverain im Reiche der Geister, und der arme Schelling, ein heruntergekommener, mediatisierter Philosoph, wandelte trübselig umher unter den anderen mediatisierten Herren zu München. Da sah ich ihn einst und hätte schier Tränen vergießen können über den jammervollen Anblick. Und was er sprach war noch das Allerjämmerlichste, es war ein neidisches Schmähen auf Hegel, der ihn süpplantiert. Wie ein Schuster über einen andern Schuster spricht, den er beschuldigt, er habe sein Leder gestohlen und Stiefel daraus gemacht, so hörte ich Herren Schelling, als ich ihn zufällig mal sah, über Hegel sprechen, über Hegel, welcher ihm »seine Ideen genommen«; und »meine Ideen sind es, die er genommen«, und wieder »meine Ideen«, war der beständige Refrain des armen Mannes. Wahrlich, sprach der Schuster Jakob Böhme einst wie ein Philosoph, so spricht der Philosoph Schelling jetzt wie ein Schuster.

Nichts ist lächerlicher als das reklamierte Eigentumsrecht an Ideen. Hegel hat freilich sehr viel Schellingsche Ideen zu seiner Philosophie benutzt; aber Herr Schelling hätte doch nie mit diesen Ideen etwas anzufangen gewußt. Er hat immer nur philosophiert, aber nimmermehr eine Philosophie geben können. Und dann dürfte man wohl behaupten, daß Herr Schelling mehr von Spinoza entlehnt hat, als Hegel von ihm selber. Wenn man den Spinoza einst aus seiner starren, altcartesianischen, mathematischen Form erlöst und ihn dem großen Publikum zugänglicher macht, dann wird sich vielleicht zeigen, daß er mehr als jeder andere über Ideendiebstahl klagen dürfte. Alle unsere heutigen Philosophen, vielleicht oft ohne es zu wissen, sehen sie durch die Brillen die Baruch Spinoza geschliffen hat.

Mißgunst und Neid hat Engel zum Falle gebracht, und es ist leider nur zu gewiß, daß Unmut wegen Hegels immer steigendem Ansehen, den armen Herren Schelling dahin geführt, wo wir ihn jetzt sehen, nämlich in die Schlingen der katholischen Propaganda, deren Hauptquartier zu München. Herr Schelling verriet die Philosophie an die katholische Religion. Alle Zeugnisse stimmen hierin überein, und es war längst vorauszusehen, daß es dazu kommen mußte. Aus dem Munde einiger Machthaber zu München hatte ich so oft die Worte gehört: »man müsse den Glauben verbinden mit dem Wissen«. Diese Phrase war unschuldig wie die Blume und dahinter lauerte die Schlange. Jetzt weiß ich was Ihr gewollt habt. Herr Schelling muß jetzt dazu dienen, mit allen Kräften seines Geistes die katholische Religion zu rechtfertigen, und alles, was er unter dem Namen Philosophie jetzt lehrt, ist nichts anders als eine Rechtfertigung des Katholizismus. Dabei spekulierte man noch auf den Nebenvorteil, daß der gefeierte Name die weisheitsdürstende deutsche Jugend nach München lockt, und die jesuitische Lüge, im Gewande der Philosophie, sie desto leichter betört. Andächtig kniet diese Jugend nieder vor dem Manne, den sie für den Hohepriester der Wahrheit hält, und arglos empfängt sie aus seinen Händen die vergiftete Hostie.

Unter den Schülern des Herren Schelling nennt Deutschland in besonders rühmlicher Weise den Herren Steffens, der jetzt Professor der Philosophie in Berlin. Er lebte zu Jena als die Schlegel dort ihr Wesen trieben, und sein Name erklingt häufig in den Annalen der romantischen Schule. Er hat späterhin auch einige Novellen geschrieben, worin viel Scharfsinn und wenig Poesie zu finden ist. Bedeutender sind seine wissenschaftlichen Werke, namentlich seine »Anthropologie«. Diese ist voll originaler Ideen. Von dieser Seite ist ihm weniger Anerkennung zu Teil geworden, als er wohl verdiente. Andere haben die Kunst verstanden, seine Ideen zu bearbeiten, und sie als die ihrigen ins Publikum zu bringen. Herr Steffens durfte mehr als sein Meister sich beklagen, daß man ihm seine Ideen entwendet. Unter seinen Ideen gab es aber eine, die sich keiner zugeeignet hat, und es ist seine Hauptidee, die erhabene Idee: »Henrick Steffens, geboren den 2ten Mai 1773 zu Stavangar, bei Drohntheim in Norweg, sei der größte Mann seines Jahrhunderts«.

Seit den letzten Jahren ist dieser Mann in die Hände der Pietisten geraten und seine Philosophie ist jetzt nichts als ein weinerlicher, lauwarm wäßrichter Pietismus.

Ein ähnlicher Geist ist Herr Joseph Görres, dessen ich schon mehrmals erwähnt, und der ebenfalls zur Schellingschen Schule gehört. Er ist in Deutschland bekannt unter dem Namen: »der vierte Alliierte«. So hatte ihn nämlich einst ein französischer Journalist genannt, im Jahr 1814, als er, beauftragt von der heiligen Allianz, den Haß gegen Frankreich predigte. Von diesem Komplimente zehrt der Mann noch bis auf den heutigen Tag. Aber, in der Tat, niemand vermochte, so gewaltig wie er, vermittelst nationaler Erinnerungen, den Haß der Deutschen gegen die Franzosen zu entflammen; und das Journal, das er in dieser Absicht schrieb, »der rheinische Merkur«, ist voll von solchen Beschwörungsformeln, die, käme es wieder zum Kriege, noch immer einige Wirkung ausüben möchten. Seitdem kam Herr Görres fast in Vergessenheit. Die Fürsten hatten seiner nicht mehr nötig und ließen ihn laufen. Als er deshalb zu knurren anfing, verfolgten sie ihn sogar. Es ging ihnen wie den Spaniern auf der Insel Kuba, die, im Kriege mit den Indianern, ihre großen Hunde abgerichtet hatten, die nackten Wilden zu zerfleischen; als aber der Krieg zu Ende war, und die Hunde, die an Menschenblut Geschmack gefunden, jetzt zuweilen auch ihre Herren in die Waden bissen, da mußten diese sich gewaltsam ihrer Bluthunde zu entledigen suchen. Als Herr Görres, von den Fürsten verfolgt, nichts mehr zu beißen hatte, warf er sich in die Arme der Jesuiten, diesen dient er bis auf diese Stunde, und er ist eine Hauptstütze der katholischen Propaganda zu München. Dort sah ich ihn, vor einigen Jahren, in der Blüte seiner Erniedrigung. Vor einem Auditorium das meistens aus katholischen Seminaristen bestand, hielt er Vorlesungen über allgemeine Weltgeschichte, und war schon bis zum Sündenfall gekommen. Welch ein schreckliches Ende nehmen doch die Feinde Frankreichs! Der vierte Alliierte ist jetzt dazu verdammt, den katholischen Seminaristen, der Ecole-Polytechnique des Obskurantismus, jahraus, jahrein, tagtäglich den Sündenfall zu erzählen! In dem Vortrage des Mannes herrschte, wie in seinen Büchern, die größte Konfusion, die größte Begriff- und Sprachverwirrung, und, nicht ohne Grund, hat man ihn oft mit dem babylonischen Turm verglichen. Er gleicht wirklich einem ungeheuren Turm, worin hunderttausend Gedanken sich abarbeiten und sich besprechen und zurufen und zanken, ohne daß der eine den andern versteht. Manchmal schien der Lärm in seinem Kopfe ein wenig zu schweigen, und er sprach dann lang und langsam und langweilig, und von seinen mißmütigen Lippen fielen die monotonen Worte herab, wie trübe Regentropfen von einer bleiernen Dachtraufe.

Wenn manchmal die alte demagogische Wildheit wieder in ihm erwachte und mit seinen mönchisch frommen Demutsworten widerwärtig kontrastierte; wenn er christlich liebevoll wimmerte, während er blutdürstig wütend hin und her sprang: dann glaubte man eine tonsurierte Hyäne zu sehen.

Herr Görres ist geboren zu Koblenz, den 25sten Januar 1776.

Die übrigen Partikularitäten seines Lebens, wie die des Lebens der meisten seiner Genossen, bitte ich mir zu erlassen. Ich habe vielleicht in der Beurteilung seiner Freunde, der beiden Schlegel, die Grenze überschritten wie weit man das Leben dieser Leute besprechen darf.

Ach! wie betrübsam ist es, wenn man nicht bloß jene Dioskuren, sondern wenn man überhaupt die Sterne unserer Literatur in der Nähe betrachtet! Die Sterne des Himmels erscheinen uns aber vielleicht deshalb so schön und rein, weil wir weit von ihnen entfernt stehen und ihr Privatleben nicht kennen. Es gibt gewiß dort oben ebenfalls manche Sterne welche lügen und betteln; Sterne welche heucheln; Sterne welche gezwungen sind, alle möglichen Schlechtigkeiten zu begehen; Sterne welche sich einander küssen und verraten; Sterne welche ihren Feinden und, was noch schmerzlicher ist, sogar ihren Freunden schmeicheln, eben so gut wie wir hier unten. Jene Kometen, die man dort oben manchmal wie Mänaden des Himmels, mit aufgelöstem Strahlenhaar, umherschweifen sieht, das sind vielleicht liederliche Sterne, die am Ende sich reuig und devot in einen obskuren Winkel der Firmaments verkriechen und die Sonne hassen.

Indem ich hier von deutschen Philosophen gesprochen, kann ich nicht umhin einen Irrtum zu berichtigen, den ich in Betreff der deutschen Philosophie hier in Frankreich allzusehr verbreitet finde. Seit nämlich einige Franzosen sich mit der Schellingschen und Hegelschen Philosophie beschäftigt, die Resultate ihrer Studien in französischer Sprache mitgeteilt, auch wohl auf französische Verhältnisse angewendet: seitdem klagen die Freunde des klaren Denkens und der Freiheit, daß man aus Deutschland die aberwitzigen Träumereien und Sophismen einführe, womit man die Geister zu verwirren, und jede Lüge und jeden Despotismus mit dem Scheine der Wahrheit und des Rechts zu umkleiden verstünde. Mit Einem Worte, diese edlen, für die Interessen des Liberalismus besorgten Leute, klagen über den schädlichen Einfluß der deutschen Philosophie in Frankreich. Aber der armen deutschen Philosophie geschieht Unrecht. Denn erstens ist das keine deutsche Philosophie, was den Franzosen bisher unter diesem Titel, namentlich von Herren Victor Cousin, präsentiert worden. Herr Cousin hat sehr viel geistreiches Wischiwaschi, aber keine deutsche Philosophie vorgetragen. Zweitens die eigentliche deutsche Philosophie ist die, welche ganz unmittelbar aus Kants »Kritik der reinen Vernunft« hervorgegangen, und, den Charakter dieses Ursprungs bewahrend, sich wenig um politische oder religiöse Verhältnisse, desto mehr aber um die letzten Gründe aller Erkenntnis bekümmerte.

Es ist wahr, die metaphysischen Systeme der meisten deutschen Philosophen glichen nur allzusehr bloßem Spinnweb. Aber was schadete das? Konnte doch der Jesuitismus dieses Spinnweb nicht zu seinen Lügennetzen benutzen, und konnte doch eben so wenig der Despotismus seine Stricke daraus drehen um die Geister zu binden. Nur seit Schelling, verlor die deutsche Philosophie diesen dünnen, aber harmlosen Charakter. Unsere Philosophen kritisierten seitdem nicht mehr die letzten Gründe der Erkenntnisse und des Seins überhaupt, sie schwebten nicht mehr in idealistischen Abstraktionen, sondern sie suchten Gründe um das Vorhandene zu rechtfertigen, sie wurden Justifikatoren dessen, was da ist. Während unsere früheren Philosophen, arm und entsagend, in kümmerlichen Dachstübchen hockten und ihre Systeme ausgrübelten, stecken unsere jetzigen Philosophen in der brillanten Livree der Macht, sie wurden Staatsphilosophen, nämlich sie ersannen philosophische Rechtfertigungen aller Interessen des Staates, worin sie sich angestellt befanden. Z. B. Hegel, Professor in dem protestantischen Berlin, hat in seinem Systeme auch die ganze evangelisch protestantische Dogmatik aufgenommen; und Herr Schelling, Professor in dem katholischen München, justifiziert jetzt, in seinen Vorlesungen, selbst die extravagantesten Lehrsätze der römisch katholisch apostolischen Kirche.

Ja, wie einst die alexandrinischen Philosophen allen ihren Scharfsinn aufgeboten, um, durch allegorische Auslegungen, die sinkende Religion des Jupiter vor dem gänzlichen Untergang zu bewahren, so versuchen unsere deutschen Philosophen etwas Ähnliches für die Religion Christi. Es kümmert uns wenig zu untersuchen, ob diese Philosophen einen uneigennützigen Zweck haben; sehen wir sie aber in Verbindung mit der Partei der Priester, deren materielle Interessen mit der Erhaltung des Katholizismus verknüpft sind, so nennen wir sie Jesuiten. Sie mögen sich aber nicht einbilden, daß wir sie mit den älteren Jesuiten verwechseln. Diese waren groß und gewaltig, voll Weisheit und Willenskraft. O, der schwächlichen Zwerge, die da wähnen, sie würden die Schwierigkeiten besiegen, woran sogar jene schwarzen Riesen gescheitert! Nie hat der menschliche Geist größere Kombinationen ersonnen, als die, wodurch die alten Jesuiten den Katholizismus zu erhalten suchten. Aber es gelang ihnen nicht, weil sie nur für die Erhaltung des Katholizismus, und nicht für den Katholizismus selbst begeistert waren. An letzterem, an und für sich, war ihnen eigentlich nicht viel gelegen; daher profanierten sie zuweilen das katholische Prinzip selbst, um es nur zur Herrschaft zu bringen; sie verständigten sich mit dem Heidentum, mit den Gewalthabern der Erde, beförderten deren Lüste, wurden Mörder und Handelsleute, und, wo es darauf ankam, wurden sie sogar Atheisten. Aber vergebens gewährten ihre Beichtiger die freundlichsten Absolutionen und buhlten ihre Kasuisten mit jedem Laster und Verbrechen. Vergebens haben sie mit den Laien in Kunst und Wissenschaft gewetteifert, um beide als Mittel zu benutzen. Hier wird ihre Ohnmacht ganz sichtbar. Sie beneideten alle großen Gelehrten und Künstler und konnten doch nichts Außerordentliches entdecken oder schaffen. Sie haben fromme Hymnen gedichtet und Dome gebaut; aber in ihren Gedichten weht kein freier Geist, sondern seufzt nur der zitternde Gehorsam für die Oberen des Ordens; und gar in ihren Bauwerken sieht man nur eine ängstliche Unfreiheit, steinerne Schmiegsamkeit, Erhabenheit auf Befehl. Mit Recht sagte einst Barrault: Die Jesuiten konnten die Erde nicht zum Himmel erheben, und sie zogen den Himmel herab zur Erde. Fruchtlos war all ihr Tun und Wirken. Aus der Lüge kann kein Leben erblühen und Gott kann nicht gerettet werden durch den Teufel.

Herr Schelling ist geboren, den 27sten Januar 1775, in Württemberg.

IV

Über das Verhältnis des Herren Schelling zur romantischen Schule habe ich nur wenig Andeutungen geben können. Sein Einfluß war meistens persönlicher Art. Dann ist auch, seit durch ihn die Naturphilosophie in Schwung gekommen, die Natur viel sinniger von den Dichtern aufgefaßt worden. Die einen versenkten sich mit allen ihren menschlichen Gefühlen in die Natur hinein; die anderen hatten einige Zauberformeln sich gemerkt, womit man etwas Menschliches aus der Natur hervorschauen und hervorsprechen lassen konnte. Erstere waren die eigentlichen Mystiker und glichen in vieler Hinsicht den indischen Religiosen, die in der Natur aufgehen, und endlich mit der Natur in Gemeinschaft zu fühlen beginnen. Die Anderen waren vielmehr Beschwörer, sie riefen mit eigenem Willen sogar die feindlichen Geister aus der Natur hervor, sie glichen dem arabischen Zauberer, der nach Willkür jeden Stein zu beleben, und jedes Leben zu versteinern weiß. Zu den Ersteren gehörte zunächst Novalis, zu den Anderen zunächst Hoffmann. Novalis sah überall nur Wunder und liebliche Wunder; er belauschte das Gespräch der Pflanzen, er wußte das Geheimnis jeder jungen Rose, er identifizierte sich endlich mit der ganzen Natur, und als es Herbst wurde und die Blätter abfielen, da starb er. Hoffmann hingegen sah überall nur Gespenster. Sie nickten ihm entgegen aus jeder chinesischen Teekanne und jeder Berliner Perücke; er war ein Zauberer, der die Menschen in Bestien verwandelte und diese sogar in königlich preußische Hofräte; er konnte die Toten aus den Gräbern hervorrufen, aber das Leben selbst stieß ihn von sich als einen trüben Spuk. Das fühlte er; er fühlte, daß er selbst ein Gespenst geworden; die ganze Natur war ihm jetzt ein mißgeschliffener Spiegel, worin er, tausendfältig verzerrt, nur seine eigne Totenlarve erblickte; und seine Werke sind nichts anders als ein entsetzlicher Angstschrei in zwanzig Bänden.

Hoffmann gehört nicht zu der romantischen Schule.

Er stand in keiner Berührung mit den Schlegeln, und noch viel weniger mit ihren Tendenzen. Ich erwähnte seiner hier nur im Gegensatz zu Novalis, der ganz eigentlich ein Poet aus jener Schule ist. Novalis ist hier minder bekannt als Hoffmann, welcher von Loeve-Veimars in einem so vortrefflichen Anzuge dem französischen Publikum vorgestellt worden und dadurch in Frankreich eine große Reputation erlangt hat. Bei uns in Deutschland ist jetzt Hoffmann keineswegs in Vogue, aber er war es früher. In seiner Periode wurde er viel gelesen, aber nur von Menschen, deren Nerven zu stark oder zu schwach waren, als daß sie von gelinden Akkorden affiziert werden konnten. Die eigentlichen Geistreichen und die poetischen Naturen wollten nichts von ihm wissen. Diesen war der Novalis viel lieber. Aber, ehrlich gestanden, Hoffmann war als Dichter viel bedeutender als Novalis. Denn letzterer, mit seinen idealischen Gebilden, schwebt immer in der blauen Luft, während Hoffmann, mit allen seinen bizarren Fratzen, sich doch immer an der irdischen Realität festklammert. Wie aber der Riese Antäus unbezwingbar stark blieb, wenn er mit dem Fuße die Mutter Erde berührte, und seine Kraft verlor, sobald ihn Herkules in die Höhe hob: so ist auch der Dichter stark und gewaltig, so lange er den Boden der Wirklichkeit nicht verläßt, und er wird ohnmächtig, sobald er schwärmerisch in der blauen Luft umherschwebt.

Die große Ähnlichkeit zwischen beiden Dichtern besteht wohl darin, daß ihre Poesie eigentlich eine Krankheit war. In dieser Hinsicht hat man geäußert, daß die Beurteilung ihrer Schriften nicht das Geschäft des Kritikers, sondern des Arztes sei. Der Rosenschein in den Dichtungen des Novalis ist nicht die Farbe der Gesundheit, sondern der Schwindsucht, und die Purpurglut in Hoffmanns »Phantasiestücken« ist nicht die Flamme des Genies, sondern des Fiebers.

Aber haben wir ein Recht zu solchen Bemerkungen, wir, die wir nicht allzusehr mit Gesundheit gesegnet sind? Und gar jetzt, wo die Literatur wie ein großes Lazarett aussieht? Oder ist die Poesie vielleicht eine Krankheit des Menschen, wie die Perle eigentlich nur der Krankheitsstoff ist, woran das arme Austertier leidet?

Novalis wurde geboren den 2ten Mai 1772. Sein eigentlicher Name ist Hardenberg. Er liebte eine junge Dame, die an der Schwindsucht litt und an diesem Übel starb. In allem, was er schrieb, weht diese trübe Geschichte, sein Leben war nur ein träumerisches Hinsterben, und er starb an der Schwindsucht, im Jahr 1801, ehe er sein neun und zwanzigstes Lebensjahr und seinen Roman vollendet hatte. Dieser Roman ist in seiner jetzigen Gestalt nur das Fragment eines großen allegorischen Gedichtes, das, wie die »göttliche Komödie« des Dante, alle irdischen und himmlischen Dinge feiern sollte. Heinrich von Ofterdingen, der berühmte Dichter, ist der Held dieses Romans. Wir sehen ihn als Jüngling in Eisenach, dem lieblichen Städtchen, welches am Fuße jener alten Wartburg liegt, wo schon das Größte, aber auch schon das Dümmste geschehen; wo nämlich Luther seine Bibel übersetzt, und einige alberne Deutschtümler den Gendarmeriekodex des Herren Kamptz verbrannt haben. In dieser Burg ward auch einst jener Sängerkrieg geführt, wo, unter anderen Dichtern, auch Heinrich von Ofterdingen mit Klingsohr von Ungerland den gefährlichen Wettstreit in der Dichtkunst gesungen, den uns die Manessische Sammlung aufbewahrt hat. Dem Scharfrichter sollte das Haupt des Unterliegenden verfallen sein und der Landgraf von Thüringen war Schiedsrichter. Bedeutungsvoll hebt sich nun die Wartburg, der Schauplatz seines späteren Ruhms, über die Wiege des Helden, und der Anfang des Romans von Novalis zeigt ihn, wie gesagt, in dem väterlichen Hause zu Eisenach. »Die Eltern liegen schon und schlafen, die Wanduhr schlägt ihren einförmigen Takt, vor den klappernden Fenstern saust der Wind; abwechselnd wird die Stube hell von dem Schimmer des Mondes.

»Der Jüngling lag unruhig auf seinem Lager, und gedachte des Fremden und seiner Erzählungen. Nicht die Schätze sind es, die ein so unaussprechliches Verlangen in mir geweckt haben, sagte er zu sich selbst, fern ab liegt mir alle Habsucht; aber die blaue Blume sehne ich mich zu erblicken. Sie liegt mir unaufhörlich im Sinne und ich kann nichts anders dichten und denken. So ist mir noch nie zu Mute gewesen: es ist als hätte ich vorhin geträumt, oder ich wäre in eine andere Welt hinübergeschlummert; denn in der Welt, in der ich sonst lebte, wer hätte da sich um Blumen bekümmert; und gar von einer so seltsamen Leidenschaft für eine Blume habe ich damals nie gehört.«

Mit solchen Worten beginnt »Heinrich von Ofterdingen«, und überall in diesem Roman leuchtet und duftet die blaue Blume. Sonderbar und bedeutungsvoll ist es, daß selbst die fabelhaftesten Personen in diesem Buche uns so bekannt dünken, als hätten wir in früheren Zeiten schon recht traulich mit ihnen gelebt. Alte Erinnerungen erwachen, selbst Sophia trägt so wohlbekannte Gesichtszüge, und es treten uns ganze Buchenalleen ins Gedächtnis, wo wir mit ihr auf und abgegangen und heiter gekost. Aber das alles liegt so dämmernd hinter uns, wie ein halbvergessener Traum.

Die Muse des Novalis war ein schlankes, weißes Mädchen mit ernsthaft blauen Augen, goldnen Hyazinthenlocken, lächelnden Lippen und einem kleinen roten Muttermal an der linken Seite des Kinns. Ich denke mir nämlich als Muse der Novalisschen Poesie ebendasselbe Mädchen, das mich zuerst mit Novalis bekannt machte, als ich den roten Maroquinband mit Goldschnitt, welcher den »Ofterdingen« enthielt, in ihren schönen Händen erblickte. Sie trug immer ein blaues Kleid und hieß Sophia. Einige Stationen von Göttingen lebte sie bei ihrer Schwester, der Frau Postmeisterin, einer heiteren, dicken, rotbäckigen Frau mit einem hohen Busen, der, mit seinen ausgezackten steifen Blonden, wie eine Festung aussah; diese Festung war aber unüberwindlich, die Frau war ein Gibraltar der Tugend. Es war eine tätige, wirtschaftliche, praktische Frau, und doch bestand ihr einziges Vergnügen darin, Hoffmannsche Romane zu lesen. In Hoffmann fand sie den Mann, der es verstand, ihre derbe Natur zu rütteln und in angenehme Bewegung zu setzen. Ihrer blassen zarten Schwester hingegen gab schon der Anblick eines Hoffmannschen Buches die unangenehmste Empfindung, und berührte sie ein solches unversehens, so zuckte sie zusammen. Sie war so zart wie eine Sinnpflanze, und ihre Worte waren so duftig, so reinklingend, und, wenn man sie zusammensetzte, waren es Verse. Ich habe manches, was sie sprach, aufgeschrieben, und es sind sonderbare Gedichte, ganz in der Novalisschen Weise, nur noch geistiger und verhallender. Eins dieser Gedichte, das sie zu mir sprach, als ich Abschied von ihr nahm um nach Italien zu reisen, ist mir besonders lieb. In einem herbstlichen Garten, wo eine Illumination statt gefunden, hört man das Gespräch zwischen dem letzten Lämpchen, der letzten Rose und einem wilden Schwan. Die Morgennebel brechen jetzt heran, das letzte Lämpchen ist erloschen, die Rose ist entblättert, und der Schwan entfaltet seine weißen Flügel und fliegt nach Süden.

Es gibt nämlich im Hannövrischen viele wilde Schwäne, die im Herbst nach dem wärmeren Süden auswandern und im Sommer wieder zu uns heimkehren. Sie bringen den Winter wahrscheinlich in Afrika zu. Denn in der Brust eines toten Schwans fanden wir einmal einen Pfeil, welchen Professor Blumenbach für einen afrikanischen erkannte. Der arme Vogel, mit dem Pfeil in der Brust, war er doch nach dem nordischen Neste zurückgekehrt, um dort zu sterben. Mancher Schwan aber mag, von solchen Pfeilen getroffen, nicht im Stande gewesen sein, seine Reise zu vollenden, und er blieb vielleicht kraftlos zurück in einer brennenden Sandwüste, oder er sitzt jetzt mit ermatteten Schwingen, auf irgend einer ägyptischen Pyramide, und schaut sehnsüchtig nach dem Norden, nach dem kühlen Sommerneste im Lande Hannover.

Als ich, im Spätherbst 1828, aus dem Süden zurück

kehrte (und zwar mit dem brennenden Pfeil in der Brust), führte mich mein Weg in die Nähe von Göttingen, und bei meiner dicken Freundin, der Posthalterin, stieg ich ab, um Pferde zu wechseln. Ich hatte sie seit Jahr und Tag nicht gesehen, und die gute Frau schien sehr verändert. Ihr Busen glich noch immer einer Festung, aber einer geschleiften; die Bastionen rasiert, die zwei Haupttürme nur hängende Ruinen, keine Schildwache bewachte mehr den Eingang, und das Herz, die Zitadelle, war gebrochen. Wie ich von dem Postillion Pieper erfuhr, hatte sie sogar die Lust an den Hoffmannschen Romanen verloren, und sie trank jetzt vor Schlafengehn desto mehr Branntewein. Das ist auch viel einfacher; denn den Branntewein haben die Leute immer selbst im Hause, die Hoffmannschen Romane hingegen mußten sie vier Stunden weit aus der Deuerlichschen Lesebibliothek zu Göttingen holen lassen. Der Postillion Pieper war ein kleiner Kerl, der dabei so sauer aussah, als habe er Essig gesoffen und sei davon ganz zusammengezogen. Als ich diesen Menschen nach der Schwester der Frau Posthalterin befragte, antwortete er: Mademoiselle Sophia wird bald sterben und ist schon jetzt ein Engel. Wie vortrefflich mußte ein Wesen sein, wovon sogar der saure Pieper sagte: sie sei ein Engel! Und er sagte dieses, während er, mit seinem hochbestiefelten Fuße, das schnatternde und flatternde Federvieh fortscheuchte. Das Posthaus, einst lachend weiß, hatte sich eben so wie seine Wirtin verändert, es war krankhaft vergilbt, und die Mauern hatten tiefe Runzeln bekommen. Im Hofraum lagen zerschlagene Wagen, und neben dem Misthaufen, an einer Stange, hing, zum

Trocknen, ein durchnäßter, scharlachroter Postillionsmantel. Mademoiselle Sophia stand oben am Fenster und las, und als ich zu ihr hinaufkam, fand ich wieder in ihren Händen ein Buch, dessen Einband von rotem Maroquin mit Goldschnitt, und es war wieder der »Ofterdingen« von Novalis. Sie hatte also immer und immer noch in diesem Buche gelesen, und sie hatte sich die Schwindsucht herausgelesen, und sah aus wie ein leuchtender Schatten. Aber sie war jetzt von einer geistigen Schönheit, deren Anblick mich aufs schmerzlichste bewegte. Ich nahm ihre beiden blassen, mageren Hände und sah ihr tief hinein in die blauen Augen und fragte sie endlich: Mademoiselle Sophia, wie befinden Sie sich? Ich befinde mich gut, antwortete sie, und bald noch besser! und sie zeigte zum Fenster hinaus nach dem neuen Kirchhof, einem kleinen Hügel, unfern des Hauses. Auf diesem kahlen Hügel stand eine einzige schmale dürre Pappel, woran nur noch wenige Blätter hingen, und das bewegte sich im Herbstwind, nicht wie ein lebender Baum, sondern wie ein Gespenst eines Baumes.

Unter dieser Pappel liegt jetzt Mademoiselle Sophia, und ihr hinterlassenes Andenken, das Buch in rotem Maroquin mit Goldschnitt, der »Heinrich von Ofterdingen« des Novalis, liegt eben jetzt vor mir auf meinem Schreibtisch, und ich benutzte es bei der Abfassung dieses Kapitels.

Drittes Buch

I

Kennt Ihr China, das Vaterland der geflügelten Drachen und der porzellanenen Teekannen? Das ganze Land ist ein Raritätenkabinett, umgeben von einer unmenschlich langen Mauer und hunderttausend tartarischen Schildwachen. Aber die Vögel und die Gedanken der europäischen Gelehrten fliegen darüber, und, wenn sie sich dort sattsam umgesehen und wieder heimkehren, erzählen sie uns die köstlichsten Dingen von dem kuriosen Land und kuriosen Volke. Die Natur mit ihren grellen, verschnörkelten Erscheinungen, abenteuerlichen Riesenblumen, Zwergbäumen, verschnitzelten Bergen, barock wollüstigen Früchten, aberwitzig geputzten Vögeln, ist dort eine eben so fabelhafte Karikatur wie der Mensch mit seinem spitzigen Zopfkopf, seinen Bücklingen, langen Nägeln, altklugem Wesen und kindisch einsilbiger Sprache. Mensch und Natur können dort einander nicht ohne innere Lachlust ansehen. Sie lachen aber nicht laut, weil sie beide viel zu zivilisiert höflich sind; und, um das Lachen zu unterdrücken, schneiden sie die ernsthaft possierlichsten Gesichter. Es gibt dort weder Schatten noch Perspektive. Auf den buntscheckigen Häusern heben sich, über einander gestapelt, eine Menge Dächer, die wie aufgespannte Regenschirme aussehen, und woran lauter metallne Glöckchen hängen, so daß sogar der Wind, wenn er vorbeistreift, durch ein närrisches Geklingel sich lächerlich machen muß.

In einem solchen Glockenhause wohnte einst eine Prinzessin, deren Füßchen noch kleiner waren, als die der übrigen Chinesinnen, deren kleine, schräggeschlitzte Äuglein noch süßträumerischer zwinkten als die der übrigen Damen des himmlischen Reiches, und in deren kleinem kichernden Herzen die allertollsten Launen nisteten. Es war nämlich ihre höchste Wonne, wenn sie kostbare Seiden- und Goldstoffe zerreißen konnte. Wenn das recht knisterte und krackte unter ihren zerreißenden Fingern, dann jauchzte sie vor Entzücken. Als sie aber endlich ihr ganzes Vermögen an solcher Liebhaberei verschwendet, als sie all ihr Hab und Gut zerrissen hatte, ward sie, auf Anraten sämtlicher Mandarine, als eine unheilbare Wahnsinnige, in einen runden Turm eingesperrt.

Diese chinesische Prinzessin, die personifizierte Caprise, ist zugleich die personifizierte Muse eines deutschen Dichters, der in einer Geschichte der romantischen Poesie nicht unerwähnt bleiben darf. Es ist die Muse die uns aus den Poesien des Herren Clemens Brentano so wahnsinnig entgegenlacht. Da zerreißt sie die glattesten Atlasschleppen und die glänzendsten Goldtressen, und ihre zerstörungssüchtige Liebenswürdigkeit, und ihre jauchzend blühende Tollheit erfüllt unsere Seele mit unheimlichem Entzücken und lüsterner Angst. Seit funfzehn Jahr lebt aber Herr Brentano entfernt von der Welt, eingeschlossen, ja eingemauert in seinem Katholizismus. Es gab nichts Kostbares mehr zu zerrreißen. Er hat, wie man sagt, die Herzen zerrissen, die ihn liebten, und jeder seiner Freunde klagt über mutwillige Verletzung. Gegen sich selbst und sein poetisches Talent hat er am meisten seine Zerstörungssucht geübt. Ich mache besonders aufmerksam auf ein Lustspiel des Dichters, betitelt: »Ponce de Leon«. Es gibt nichts Zerrisseneres als dieses Stück, sowohl in Hinsicht der Gedanken als auch der Sprache. Aber alle diese Fetzen leben und kreiseln in bunter Lust. Man glaubt einen Maskenball von Worten und Gedanken zu sehen. Das tummelt sich alles in süßester Verwirrung und nur der gemeinsame Wahnsinn bringt eine gewisse Einheit hervor. Wie Harlekine rennen die verrücktesten Wortspiele durch das ganze Stück und schlagen überallhin mit ihrer glatten Pritsche. Eine ernsthafte Redensart tritt manchmal auf, stottert aber wie der Dottore von Bologna. Da schlendert eine Phrase wie ein weißer Pierrot mit zu weiten schleppenden Ärmeln und allzugroßen Westenknöpfen. Da springen bucklichte Witze mit kurzen Beinchen, wie Policinelle. Liebesworte wie neckende Kolombinen flattern umher, mit Wehmut im Herzen. Und das tanzt und hüpft und wirbelt und scharrt, und drüberhin erschallen die Trompeten der bacchantischen Zerstörungslust.

Eine große Tragödie desselben Dichters, »die Gründung Prags«, ist ebenfalls sehr merkwürdig. Es sind Szenen darin, wo man von den geheimnisvollsten Schauern der uralten Sagen angeweht wird. Da rauschen die dunkel böhmischen Wälder, da wandeln noch die zornigen Sklavengötter, da schmettern noch die heidnischen Nachtigallen; aber die Wipfel der Bäume bestrahlt schon das sanfte Morgenrot des Christentums. Auch einige gute Erzählungen hat Herr Brentano geschrieben, namentlich »die Geschichte vom braven Kasperl und dem schönen Nanerl«. Als das schöne Nanerl noch ein Kind war und mit ihrer Großmutter in die Scharfrichterei ging, um dort, wie das gemeine Volk in Deutschland zu tun pflegt, einige heilsame Arzneien zu kaufen, da bewegte sich plötzlich etwas in dem großen Schranke, vor welchem das schöne Nanerl eben stand, und das Kind rief mit Entsetzen: eine Maus! eine Maus! Aber der Scharfrichter erschrak noch weit mehr, und wurde ernsthaft wie der Tod, und sagte zu der Großmutter: »liebe Frau! in diesem Schranke hängt mein Richtschwert, und das bewegt sich jedesmal von selbst, wenn ihm jemand nahet der einst damit geköpft werden soll. Mein Schwert lechzt nach dem Blute dieses Kindes. Erlaubt mir, daß ich die Kleine nur ein wenig damit am Hälschen ritze. Das Schwert ist dann zufrieden gestellt mit einem Tröpfchen Blut und trägt kein fürderes Verlangen.« Die Großmutter gab jedoch diesem vernünftigen Rate kein Gehör, und mochte es späterhin genugsam bereuen, als das schöne Nanerl wirklich geköpft wurde mit demselben Schwerte.

Herr Clemens Brentano mag wohl jetzt 50 Jahr alt sein, und er lebt zu Frankfurt, einsiedlerisch zurückgezogen, als ein korrespondierendes Mitglied der katholischen Propaganda. Sein Name ist in der letzten Zeit fast verschollen, und nur wenn die Rede von den Volksliedern, die er mit seinem verstorbenen Freunde Achim von Arnim herausgegeben, wird er noch zuweilen genannt. Er hat nämlich, in Gemeinschaft mit letzterem, unter dem Titel: »des Knaben Wunderhorn«, eine Sammlung Lieder herausgegeben, die sie, teils noch im Munde des Volkes, teils auch in fliegenden Blättern und seltenen Druckschriften gefunden haben. Dieses Buch kann ich nicht genug rühmen; es enthält die holdseligsten Blüten des deutschen Geistes, und wer das deutsche Volk von einer liebenswürdigen Seite kennen lernen will, der lese diese Volkslieder. In diesem Augenblick liegt dieses Buch vor mir, und es ist mir als röche ich den Duft der deutschen Linden. Die Linde spielt nämlich eine Hauptrolle in diesen Liedern, in ihrem Schatten kosen des Abends die Liebenden, sie ist ihr Lieblingsbaum, und vielleicht aus dem Grunde, weil das Lindenblatt die Form eines Menschenherzens zeigt. Diese Bemerkung machte einst ein deutscher Dichter, der mir am liebsten ist, nämlich ich. Auf dem Titelblatte jenes Buches ist ein Knabe, der das Horn bläst; und wenn ein Deutscher in der Fremde dieses Bild lange betrachtet, glaubt er die wohlbekanntesten Töne zu vernehmen, und es könnte ihn wohl dabei das Heimweh beschleichen, wie den Schweizer Landsknecht, der auf der Straßburger Bastei Schildwache stand, fern den Kuhreigen hörte, die Pike von sich warf, über den Rhein schwamm, aber bald wieder eingefangen und als Deserteur erschossen wurde. Das »Knaben Wunderhorn« enthält darüber das rührende Lied:

Zu Straßburg auf der Schanz,
Da ging mein Trauern an,
Das Alphorn hört ich drüben wohl anstimmen,
Ins Vaterland mußt ich hinüberschwimmen,
Das ging nicht an.

Ein Stund in der Nacht
Sie haben mich gebracht:
Sie führten mich gleich vor des Hauptmanns Haus,
Ach Gott, sie fischten mich im Strome auf,
Mit mir ists aus.

Früh morgens um zehn Uhr
Stellt man mich vor das Regiment;
Ich soll da bitten um Pardon,
Und ich bekomm doch meinen Lohn,
Das weiß ich schon.

Ihr Brüder allzumal,
Heut seht Ihr mich zum letztenmal;
Der Hirtenbub ist doch nur schuld daran,
Das Alphorn hat mir solches angetan,
Das klag ich an. – – –

Welch ein schönes Gedicht! Es liegt in diesen Volksliedern ein sonderbarer Zauber. Die Kunstpoeten wollen diese Naturerzeugnisse nachahmen, in derselben Weise, wie man künstliche Mineralwässer verfertigt. Aber wenn sie auch, durch chemischen Prozeß, die Bestandteile ermittelt, so entgeht ihnen doch die Hauptsache, die unzersetzbare sympathetische Naturkraft. In diesen Liedern fühlt man den Herzschlag des deutschen Volks. Hier offenbart sich all seine düstere Heiterkeit, all seine närrische Vernunft. Hier trommelt der deutsche Zorn, hier pfeift der deutsche Spott, hier küßt die deutsche Liebe. Hier perlt der echt deutsche Wein und die echt deutsche Träne. Letztere ist manchmal doch noch köstlicher als ersterer; es ist viel Eisen und Salz darin. Welche Naivität in der Treue! In der Untreue, welche Ehrlichkeit! Welch ein ehrlicher Kerl ist der arme Schwartenhals, obgleich er Straßenraub treibt! Hört einmal die phlegmatisch rührende Geschichte, die er von sich selber erzählt:

»Ich kam vor einer Frau Wirtin Haus,
Man fragt mich, wer ich wäre?
Ich bin ein armer Schwartenhals,
Ich eß und trink so gerne.

»Man führt mich in die Stuben ein,
Da bot man mir zu trinken,
Die Augen ließ ich umher gehn,
Den Becher ließ ich sinken.

»Man setzt' mich oben an den Tisch,
Als ob ich ein Kaufherr wäre,
Und da es an ein Zahlen ging,
Mein Säckel stand mir leere.

»Da ich des Nachts wollt schlafen gehn,
Man wies mich in die Scheuer,
Da ward mir armen Schwartenhals
Mein Lachen viel zu teuer.

»Und da ich in die Scheuer kam,
Da hub ich an zu nisteln,
Da stachen mich die Hagendorn,
Dazu die rauhen Disteln.

»Da ich zu morgens früh aufstand,
Der Reif lag auf dem Dache,
Da mußt ich armer Schwartenhals
Meins Unglück selber lachen.

»Ich nahm mein Schwert wohl in die Hand,
Und gürt es an die Seiten,
Ich Armer mußt zu Fuße gehn,
Weil ich nicht hatt zu reiten.

»Ich hob mich auf und ging davon,
Und macht mich auf die Straßen,
Mir kam ein reicher Kaufmannssohn,
Sein Tasch mußt er mir lassen.«

Dieser arme Schwartenhals ist der deutscheste Charakter den ich kenne. Welche Ruhe, welche bewußte Kraft herrscht in diesem Gedichte! Aber auch unser Gretel sollt Ihr kennen lernen. Es ist ein aufrichtiges Mädel und ich liebe sie sehr. Der Hans sprach zu dem Gretel:

»Nun schürz dich, Gretlein, schürz dich,
Wohlauf mit mir davon,
Das Korn ist abgeschnitten,
Der Wein ist abgetan.«

Sie antwortet vergnügt:

»Ach Hänslein, liebes Hänslein,
So laß mich bei dir sein,

Die Wochen auf dem Felde,
Den Feiertag beim Wein.«

Da nahm ers bei den Händen,
Bei ihrer schneeweißen Hand,
Er führt sie an ein Ende,
Da er ein Wirtshaus fand.

»Nun Wirtin, liebe Wirtin,
Schaut um nach kühlem Wein,
Die Kleider dieses Gretlein,
Müssen verschlemmet sein.«

Die Gret hub an zu weinen,
Ihr Unmut, der war groß,
Daß ihr die lichte Zähre
Über die Wänglein floß.

»Ach Hänslein, liebes Hänslein,
Du redetest nicht also,
Als du mich heim ausführtest
Aus meines Vaters Hof.«

Er nahm sie bei den Händen,
Bei ihrer schneeweißen Hand,
Er führt sie an ein Ende,
Da er ein Gärtlein fand. – – –

»Ach Gretlein, liebes Gretlein,
Warum weinest du so sehr,

Reuet dich dein freier Mut,
Oder reut dich deine Ehr?«

»Es reut mich nicht mein freier Mut,
Dazu auch nicht mein Ehr;
Es reuen mich meine Kleider,
Die werden mir nimmermehr.«

Das ist kein Goethesches Gretchen, und ihre Reue wäre kein Stoff für Scheffer. Da ist kein deutscher Mondschein. Es liegt eben so wenig Sentimentalität drin, wenn ein junger Fant des Nachts bei seinem Mädel Einlaß verlangt, und sie ihn abweist mit den Worten:

»Reit du nach jener Straße,
Reit du nach jener Heide,
Woher du gekommen bist;
Da liegt ein breiter Stein,
Den Kopf darauf nur leg,
Trägst keine Federn weg.«

Aber Mondschein, Mondschein die Hülle und Fülle, und die ganze Seele übergießend, strahlt in dem Liede:

Wenn ich ein Vöglein wär
Und auch zwei Flüglein hätt,
Flög ich zu dir;
Weils aber nicht kann sein,
Bleib ich allhier.

Bin ich gleich weit von dir,
Bin ich doch im Schlaf bei dir,
Und red mit dir;
Wenn ich erwachen tu,
Bin ich allein.

Es vergeht keine Stund in der Nacht,
Da mein Herze nicht erwacht
Und an dich gedenkt:
Daß du mir viel tausendmal
Dein Herz geschenkt.

Fragt man nun entzückt nach dem Verfasser solcher Lieder, so antworten diese wohl selbst mit ihren Schlußworten:

Wer hat das schöne Liedel erdacht?
Es habens drei Gäns übers Wasser gebracht,
Zwei graue und eine weiße.

Gewöhnlich ist es aber wanderndes Volk, Vagabunden, Soldaten, fahrende Schüler oder Handwerksburschen, die solch ein Lied gedichtet. Es sind besonders die Handwerksburschen. Gar oft, auf meinen Fußreisen, verkehrte ich mit diesen Leuten und bemerkte, wie sie zuweilen, angeregt von irgend einem ungewöhnlichen Ereignisse, ein Stück Volkslied improvisierten oder in die freie Luft hineinpfiffen. Das erlauschten nun die Vögelein, die auf den Baumzweigen saßen; und kam nachher ein anderer Bursch, mit Ränzel und Wanderstab, vorbeigeschlendert, dann pfiffen sie ihm jenes

Stücklein ins Ohr, und er sang die fehlenden Verse hinzu, und das Lied war fertig. Die Worte fallen solchen Burschen vom Himmel herab auf die Lippen, und er braucht sie nur auszusprechen, und sie sind dann noch poetischer als all die schönen poetischen Phrasen, die wir aus der Tiefe unseres Herzens hervorgrübeln. Der Charakter jener deutschen Handwerksburschen lebt und webt in dergleichen Volksliedern. Es ist eine merkwürdige Menschensorte. Ohne Sous in der Tasche, wandern diese Handwerksburschen durch ganz Deutschland, harmlos, fröhlich und frei. Gewöhnlich fand ich, daß drei zusammen auf solche Wanderschaft ausgingen. Von diesen dreien war der Eine immer der Räsoneur; er räsonierte mit humoristischer Laune über alles was vorkam, über jeden bunten Vogel der in der Luft flog, über jeden Musterreuter der vorüberritt, und kamen sie gar in eine schlechte Gegend, wo ärmliche Hütten und zerlumptes Bettelvolk, dann bemerkte er auch wohl ironisch: der liebe Gott hat die Welt in sechs Tagen erschaffen, aber, seht einmal, es ist auch eine Arbeit darnach! Der zweite Weggeselle bricht nur zuweilen mit einigen wütenden Bemerkungen hinein; er kann kein Wort sagen ohne dabei zu fluchen; er schimpft grimmig auf alle Meister, bei denen er gearbeitet, und sein beständiger Refrain ist, wie sehr er es bereue, daß er der Frau Wirtin in Halberstadt, die ihm täglich Kohl und Wasserrüben vorgesetzt, nicht eine Tracht Schläge zum Andenken zurückließ. Bei dem Wort »Halberstadt« seufzt aber der dritte Bursche aus tiefster Brust; er ist der jüngste, macht zum erstenmal seine Ausfahrt in die Welt, denkt noch immer an Feinsliebchens schwarzbraune Augen, läßt immer den Kopf hängen und spricht nie ein Wort.

»Des Knaben Wunderhorn« ist ein zu merkwürdiges Denkmal unserer Literatur und hat auf die Lyriker der romantischen Schule, namentlich auf unseren vortrefflichen Herren Uhland, einen zu bedeutenden Einfluß geübt, als daß ich es unbesprochen lassen durfte. Dieses Buch und das »Nibelungenlied« spielten eine Hauptrolle in jener Periode. Auch von letzterem muß hier eine besondere Erwähnung geschehen. Es war lange Zeit von nichts anderem als vom »Nibelungenlied« bei uns die Rede, und die klassischen Philologen wurden nicht wenig geärgert, wenn man dieses Epos mit der »Ilias« verglich, oder wenn man gar darüber stritt, welches von beiden Gedichten das vorzüglichere sei? Und das Publikum sah dabei aus wie ein Knabe, den man ernsthaft fragt: hast du lieber ein Pferd oder einen Pfefferkuchen? Jedenfalls ist aber dieses »Nibelungenlied« von großer gewaltiger Kraft. Ein Franzose kann sich schwerlich einen Begriff davon machen. Und gar von der Sprache worin es gedichtet ist. Es ist eine Sprache von Stein und die Verse sind gleichsam gereimte Quadern. Hie und da, aus den Spalten, quellen rote Blumen hervor, wie Blutstropfen, oder zieht sich der lange Epheu herunter, wie grüne Tränen. Von den Riesenleidenschaften, die sich in diesem Gedichte bewegen, könnt Ihr kleinen artigen Leutchen Euch noch viel weniger einen Begriff machen. Denkt Euch es wäre eine helle Sommernacht, die Sterne, bleich wie Silber, aber groß wie Sonnen, träten hervor am blauen Himmel, und alle gotischen Dome von Europa hätten sich ein Rendezvous gegeben auf einer ungeheuer weiten Ebene, und da kämen nun ruhig herangeschritten der Straßburger Münster, der Kölner Dom, der Glockenturm von Florenz, die Kathedrale von Rouen, usw., und diese machten der schönen Notre-Dame-de-Paris ganz artig die Kour. Es ist wahr, daß ihr Gang ein bißchen unbeholfen ist, daß einige darunter sich sehr linkisch benehmen, und daß man über ihr verliebtes Wackeln manchmal lachen könnte. Aber dieses Lachen hätte doch ein Ende, sobald man sähe, wie sie in Wut geraten, wie sie sich unter einander würgen, wie Notre-Dame-de-Paris verzweiflungsvoll ihre beiden Steinarme gen Himmel erhebt, und plötzlich ein Schwert ergreift, und dem größten aller Dome das Haupt vom Rumpfe herunterschlägt. Aber nein, Ihr könnt Euch auch dann von den Hauptpersonen des »Nibelungenlieds« keinen Begriff machen; kein Turm ist so hoch und kein Stein ist so hart wie der grimme Hagen und die rachgierige Kriemhilde.

Wer hat aber dieses Lied verfaßt? Eben so wenig wie von den Volksliedern weiß man den Namen des Dichters, der das »Nibelungenlied« geschrieben. Sonderbar! von den vortrefflichsten Büchern, Gedichten, Bauwerken und sonstigen Denkmälern der Kunst, weiß man selten den Urheber. Wie hieß der Baumeister, der den Kölner Dom erdacht? Wer hat dort das Altarbild gemalt, worauf die schöne Gottesmutter und die heiligen drei Könige so erquicklich abkonterfeit sind? Wer hat das Buch Hiob gedichtet, das so viele leidende Menschengeschlechter getröstet hat? Die Menschen vergessen nur zu leicht die Namen ihrer Wohltäter; die Namen des Guten und Edelen, der für das Heil seiner Mitbürger gesorgt, finden wir selten im Munde der Völker, und ihr dickes Gedächtnis bewahrt nur die Namen ihrer Dränger und grausamen Kriegshelden. Der Baum der Menschheit vergißt des stillen Gärtners, der ihn gepflegt in der Kälte, getränkt in der Dürre und vor schädlichen Tieren geschützt hat; aber er bewahrt treulich die Namen, die man ihm in seine Rinde unbarmherzig eingeschnitten mit scharfem Stahl, und er überliefert sie in immer wachsender Größe den spätesten Geschlechtern.

II

Wegen ihrer gemeinschaftlichen Herausgabe des »Wunderhorns«, pflegt man auch sonst die Namen Brentano und Arnim zusammen zu nennen, und da ich ersteren besprochen, darf ich von dem andern um so weniger schweigen, da er in weit höherem Grade unsere Aufmerksamkeit verdient. Ludwig Achim von Arnim ist ein großer Dichter und war einer der originellsten Köpfe der romantischen Schule. Die Freunde des Phantastischen würden an diesem Dichter mehr als an jedem anderen deutschen Schriftsteller Geschmack finden. Er übertrifft hier den Hoffmann sowohl als den Novalis. Er wußte noch inniger als dieser in die Natur hineinzuleben, und konnte weit grauenhaftere Gespenster beschwören als Hoffmann. Ja, wenn ich Hoffmann selbst zuweilen betrachtete, so kam es mir vor, als hätte Arnim ihn gedichtet. Im Volke ist dieser Schriftsteller ganz unbekannt geblieben, und er hat nur ein Renommee unter den Literaten. Letztere aber, obgleich sie ihm die unbedingteste Anerkennung zollten, haben sie doch nie öffentlich ihn nach Gebühr gepriesen. Ja, einige Schriftsteller pflegten sogar wegwerfend von ihm sich zu äußern, und das waren eben diejenigen, die seine Weise nachahmten. Man könnte das Wort auf sie anwenden, das Steevens von Voltaire gebraucht, als dieser den Shakespeare schmähte, nachdem er dessen Othello zu seinem Orosman benutzt; er sagte nämlich: diese Leute gleichen den Dieben, die nachher das Haus anstecken, wo sie gestohlen haben. Warum hat Herr Tieck nie von Arnim gehörig gesprochen, er, der über so manches unbedeutende Machwerk so viel Geistreiches sagen konnte? Die Herren Schlegel haben ebenfalls den Arnim ignoriert. Nur nach seinem Tode erhielt er eine Art Nekrolog von einem Mitglied der Schule.

Ich glaube Arnims Renommee konnte besonders deshalb nicht aufkommen, weil er seinen Freunden, der katholischen Partei, noch immer viel zu protestantisch blieb, und weil wieder die protestantische Partei ihn für einen Kryptokatholiken hielt. Aber warum hat ihn das Volk abgelehnt, das Volk, welchem seine Romane und Novellen in jeder Leihbibliothek zugänglich waren? Auch Hoffmann wurde in unseren Literaturzeitungen und ästhetischen Blättern fast gar nicht besprochen, die höhere Kritik beobachtete in Betreff seiner ein vornehmes Schweigen, und doch wurde er allgemein gelesen. Warum vernachlässigte nun das deutsche Volk einen Schriftsteller, dessen Phantasie von weltumfassender Weite, dessen Gemüt von schauerlichster Tiefe, und dessen Darstellungsgabe so unübertrefflich war? Etwas fehlte diesem Dichter, und dieses Etwas ist es eben, was das Volk in den Büchern sucht: das Leben. Das Volk verlangt, daß die Schriftsteller seine Tagesleidenschaften mitfühlen, daß sie die Empfindungen seiner eigenen Brust entweder angenehm anregen oder verletzen: das Volk will bewegt werden. Dieses Bedürfnis konnte aber Arnim nicht befriedigen. Er war kein Dichter des Lebens, sondern des Todes. In allem was er schrieb, herrscht nur eine schattenhafte Bewegung, die Figuren tummeln sich hastig, sie bewegen die Lippen, als wenn sie sprächen, aber man sieht nur ihre Worte, man hört sie nicht. Diese Figuren springen, ringen, stellen sich auf den Kopf, nahen sich uns heimlich, und flüstern uns leise ins Ohr: wir sind tot. Solches Schauspiel würde allzu grauenhaft und peinigend sein, wäre nicht die Arnimsche Grazie, die über jede dieser Dichtungen verbreitet ist, wie das Lächeln eines Kindes, aber eines toten Kindes. Arnim kann die Liebe schildern, zuweilen auch die Sinnlichkeit, aber sogar da können wir nicht mit ihm fühlen; wir sehen schöne Leiber, wogende Busen, feingebaute Hüften, aber ein kaltes, feuchtes Leichengewand umhüllt dieses alles. Manchmal ist Arnim witzig, und wir müssen sogar lachen; aber es ist doch als wenn der Tod uns kitzle mit seiner Sense. Gewöhnlich jedoch ist er ernsthaft, und zwar wie ein toter Deutscher. Ein lebendiger Deutscher ist schon ein hinlänglich ernsthaftes Geschöpf, und nun erst ein toter Deutscher! Ein Franzose hat gar keine Idee davon, wie ernsthaft wir erst im Tode sind; da sind unsere Gesichter noch viel länger, und die Würmer, die uns speisen, werden melancholisch wenn sie uns dabei ansehen. Die

Franzosen wähnen Wunder wie schrecklich ernsthaft der Hoffmann sein könne; aber das ist Kinderspiel in Vergleichung mit Arnim. Wenn Hoffmann seine Toten beschwört und sie aus den Gräbern hervorsteigen und ihn umtanzen: dann zittert er selber vor Entsetzen, und tanzt selbst in ihrer Mitte, und schneidet dabei die tollsten Affengrimassen. Wenn aber Arnim seine Toten beschwört, so ist es, als ob ein General Heerschau halte, und er sitzt so ruhig auf seinem hohen Geisterschimmel, und läßt die entsetzlichen Scharen vor sich vorbeidefilieren, und sie sehen ängstlich nach ihm hinauf und scheinen sich vor ihm zu fürchten. Er nickt ihnen aber freundlich zu.

Ludwig Achim von Arnim ward geboren 1781, in der Mark Brandenburg, und starb den Winter 1830. Er schrieb dramatische Gedichte, Romane und Novellen. Seine Dramen sind voll intimer Poesie, namentlich ein Stück darunter betitelt »der Auerhahn«. Die erste Szene wäre selbst des allergrößten Dichters nicht unwürdig. Wie wahr, wie treu ist die betrübteste Langeweile da geschildert! Der eine von den drei natürlichen Söhnen des verstorbenen Landgrafen sitzt allein, in dem verwaisten weiten Burgsaal, und spricht gähnend mit sich selber, und klagt, daß ihm die Beine unter dem Tische immer länger wüchsen, und daß ihm der Morgenwind so kalt durch die Zähne pfiffe. Sein Bruder, der gute Franz, kommt nur langsam hereingeschlappt, in den Kleidern des seligen Vaters, die ihm viel zu weit am Leibe hängen, und wehmütig gedenkt er, wie er sonst um diese Stunde dem Vater beim Anziehen half, wie dieser ihm oft eine Brotkruste zuwarf, die er mit seinen alten Zähnen nicht mehr beißen konnte, wie er ihm auch manchmal verdrießlich einen Tritt gab; diese letztere Erinnerung rührt den guten Franz bis zu Tränen, und er beklagt, daß nun der Vater tot sei und ihm keinen Tritt mehr geben könne.

Arnims Romane heißen »die Kronwächter« und die »Gräfin Dolores«. Auch ersterer hat einen vortrefflichen Anfang. Der Schauplatz ist oben im Wartturme von Waiblingen, in dem traulichen Stübchen des Türmers und seiner wackeren dicken Frau, die aber doch nicht so dick ist, wie man unten in der Stadt behauptet. In der Tat, es ist Verleumdung, wenn man ihr nachsagte, sie sei oben in der Turmwohnung so korpulent geworden, daß sie die enge Turmtreppe nicht mehr herabsteigen könne, und nach dem Tode ihres ersten Ehegatten, des alten Türmers, genötigt gewesen sei, den neuen Türmer zu heuraten. Über solche böse Nachrede grämte sich die arme Frau droben nicht wenig; und sie konnte nur deshalb die Turmtreppe nicht hinabsteigen, weil sie am Schwindel litt.

Der zweite Roman von Arnim, die »Gräfin Dolores«, hat ebenfalls den allervortrefflichsten Anfang, und der Verfasser schildert uns da die Poesie der Armut und zwar einer adeligen Armut, die er, der damals selber in großer Dürftigkeit lebte, sehr oft zum Thema gewählt hat. Welch ein Meister ist Arnim auch hier in der Darstellung der Zerstörnis! Ich meine es immer vor Augen zu sehen, das wüste Schloß der jungen Gräfin Dolores, das um so wüster aussieht, da es der alte Graf in einem heiter italienischen Geschmacke, aber nicht fertig gebaut hat. Nun ist es eine moderne Ruine, und im Schloßgarten ist alles verödet: die geschnittenen Taxusalleen sind struppig verwildert, die Bäume wachsen sich einander in den Weg, der Lorbeer und der Oleander ranken schmerzlich am Boden, die schönen, großen Blumen werden von verdrießlichem Unkraut umschlungen, die Götterstatuen sind von ihren Postamenten herabgefallen, und ein paar mutwillige Bettelbuben kauern neben einer armen Venus, die im hohen Grase liegt, und mit Brennesseln geißeln sie ihr den marmornen Hintern. Wenn der alte Graf, nach langer Abwesenheit, wieder in sein Schloß heimkehrt, ist ihm das sonderbare Benehmen seiner Hausgenossenschaft, besonders seiner Frau, sehr auffallend, es passiert bei Tische so allerlei Befremdliches, und das kommt wohl daher, weil die arme Frau vor Gram gestorben und eben so wie das übrige Hausgesinde längst tot war. Der Graf scheint es aber am Ende selbst zu ahnen, daß er sich unter lauter Gespenstern befindet, und, ohne sich etwas merken zu lassen, reist er in der Stille wieder ab.

Unter Arnims Novellen dünkt mir die kostbarste seine »Isabella von Ägypten«. Hier sehen wir das wanderschaftliche Treiben der Zigeuner, die man hier in Frankreich Bohémiens, auch Égyptiens nennt. Hier lebt und webt das seltsame Märchenvolk mit seinen braunen Gesichtern, freundlichen Wahrsageraugen, und seinem wehmütigen Geheimnis. Die bunte, gaukelnde Heiterkeit verhüllt einen großen mystischen Schmerz. Die Zigeuner müssen nämlich nach der Sage, die in dieser Novelle gar lieblich erzählt wird, eine Zeit lang in der ganzen Welt herumwandeln, zur Abbuße jener ungastlichen Härte, womit einst ihre Vorfahren die heilige

Muttergottes mit ihrem Kinde abgewiesen, als diese, auf ihrer Flucht in Ägypten, ein Nachtlager von ihnen verlangte. Deshalb hielt man sich auch berechtigt, sie mit Grausamkeit zu behandeln. Da man im Mittelalter noch keine Schellingschen Philosophen hatte, so mußte die Poesie damals die Beschönigung der unwürdigsten und grausamsten Gesetze übernehmen. Gegen niemanden waren diese Gesetze barbarischer als gegen die armen Zigeuner. In manchen Ländern erlaubten sie jeden Zigeuner bei Diebstahlsverdacht, ohne Untersuchung und Urteil, aufzuknüpfen. So wurde ihr Oberhaupt, Michael, genannt Herzog von Ägypten, unschuldig gehenkt. Mit diesem trüben Ereignis beginnt die Arnimsche Novelle. Nächtlich nehmen die Zigeuner ihren toten Herzog vom Galgen herab, legen ihm den roten Fürstenmantel um die Schulter, setzen ihm die silberne Krone auf das Haupt und versenken ihn in die Schelde, fest überzeugt, daß ihn der mitleidige Strom nach Hause bringt, nach dem geliebten Ägypten. Die arme Zigeunerprinzessin Isabella, seine Tochter, weiß nichts von dieser traurigen Begebenheit, sie wohnt einsam in einem verfallenen Hause an der Schelde, und hört, des Nachts, wie es so sonderbar im Wasser rauscht, und sie sieht plötzlich wie ihr bleicher Vater hervortaucht, im purpurnen Totenschmuck, und der Mond wirft sein schmerzliches Licht auf die silberne Krone. Das Herz des schönen Kindes will schier brechen vor unnennbarem Jammer, vergebens will sie den toten Vater festhalten; er schwimmt ruhig weiter nach Ägypten, nach seinem heimatlichen Wunderland, wo man seiner Ankunft harrt, um ihn in einer der großen Pyramiden nach Würden zu begraben. Rührend ist das Totenmahl womit das arme Kind den verstorbenen Vater ehrt; sie legt ihren weißen Schleier über einen Feldstein, und darauf stellt sie Speis und Trank, welches sie feierlich genießt. Tief rührend ist alles was uns der vortreffliche Arnim von den Zigeunern erzählt, denen er schon an anderen Orten sein Mitleid gewidmet, z. B. in seiner Nachrede zum »Wunderhorn«, wo er behauptet, daß wir den Zigeunern so viel Gutes und Heilsames, namentlich die mehrsten unserer Arzneien verdanken. Wir hätten sie mit Undank verstoßen und verfolgt. Mit all ihrer Liebe, klagt er, hätten sie bei uns keine Heimat erwerben können. Er vergleicht sie in dieser Hinsicht mit den kleinen Zwergen, wovon die Sage erzählt, daß sie alles herbeischafften, was sich ihre großen starken Feinde zu Gastmählern wünschten, aber einmal für wenige Erbsen, die sie aus Not vom Felde ablasen, jämmerlich geschlagen und aus dem Lande gejagt wurden. Das war nun ein wehmütiger Anblick, wie die armen kleinen Menschen nächtlich über die Brücke wegtrappelten, gleich einer Schafherde, und jeder dort ein Münzchen niederlegen mußte, bis sie ein Faß damit füllten.

Eine Übersetzung der erwähnten Novelle, »Isabella von Ägypten«, würde den Franzosen nicht bloß eine Idee von Arnims Schriften geben, sondern auch zeigen, daß all die furchtbaren, unheimlichen, grausigen und gespenstischen Geschichten, die sie sich in der letzten Zeit gar mühsam abgequält, in Vergleichung mit Arnimschen Dichtungen, nur rosige Morgenträume einer Operntänzerin zu sein scheinen. In sämtlichen französischen Schauergeschichten ist nicht so viel Unheimliches zusammengepackt wie in jener Kutsche, die Arnim von Brake nach Brüssel fahren läßt, und worin folgende vier Personen bei einander sitzen:

1. Eine alte Zigeunerin, welche zugleich Hexe ist. Sie sieht aus wie die schönste von den sieben Todsünden, und strotzt im buntesten Goldflitter- und Seidenputz.

2. Ein toter Bärenhäuter, welcher, um einige Dukaten zu verdienen, aus dem Grabe gestiegen und sich auf sieben Jahr als Bedienter verdingt. Es ist ein fetter Leichnam, der einen Oberrock von weißem Bärenfell trägt, weshalb er auch Bärenhäuter genannt wird, und der dennoch immer friert.

3. Ein Golem; nämlich eine Figur von Lehm, welche ganz wie ein schönes Weib geformt ist, und wie ein schönes Weib sich gebärdet. Auf der Stirn, verborgen unter den schwarzen Locken, steht mit hebräischen Buchstaben das Wort »Wahrheit«, und wenn man dieses auslischt, fällt die ganze Figur wieder leblos zusammen, als eitel Lehm.

4. Der Feldmarschall Cornelius Nepos, welcher durchaus nicht mit dem berühmten Historiker dieses Namens verwandt ist, ja welcher sich nicht einmal einer bürgerlichen Abkunft rühmen kann, indem er von Geburt eigentlich eine Wurzel ist, eine Alraunwurzel, welche die Franzosen Mandragora nennen. Diese Wurzel wächst unter dem Galgen, wo die zweideutigsten Tränen eines Gehenkten geflossen sind. Sie gab einen entsetzlichen Schrei, als die schöne Isabella sie dort um Mitternacht aus dem Boden gerissen. Sie sah aus wie ein Zwerg, nur daß sie weder Augen, Mund noch Ohren hatte. Das liebe Mädchen pflanzte ihr ins Gesicht zwei

schwarze Wacholderkerne und eine rote Hagebutte, woraus Augen und Mund entstanden. Nachher streute sie dem Männlein auch ein bißchen Hirse auf den Kopf, welches als Haar, aber etwas struppig in die Höhe wuchs. Sie wiegte das Mißgeschöpf in ihren weißen Armen, wenn es wie ein Kind greinte; mit ihren holdseligen Rosenlippen küßte sie ihm das Hagebuttenmaul ganz schief; sie küßte ihm vor Liebe fast die Wacholderäuglein aus dem Kopf; und der garstige Knirps wurde dadurch so verzogen, daß er am Ende Feldmarschall werden wollte, und eine brillante Feldmarschalluniform anzog, und sich durchaus Herr Feldmarschall titulieren ließ.

Nicht wahr, das sind vier sehr ausgezeichnete Personen? Wenn Ihr die Morgue, die Totenacker, die Cour de Miracle und sämtliche Pesthöfe des Mittelalters ausgeplündert, werdet Ihr doch keine so gute Gesellschaft zusammenbringen, wie jene die in einer einzigen Kutsche von Brake nach Brüssel fuhr. Ihr Franzosen solltet doch endlich einsehen, daß das Grauenhafte nicht Euer Fach, und daß Frankreich kein geeigneter Boden für Gespenster jener Art. Wenn Ihr Gespenster beschwört, müssen wir lachen. Ja, wir Deutschen, die wir bei Euren heitersten Witzen ganz ernsthaft bleiben können, wir lachen desto herzlicher bei Euren Gespenstergeschichten. Denn Eure Gespenster sind doch immer Franzosen; und französische Gespenster! welch ein Widerspruch in den Worten! In dem Wort »Gespenst« liegt so viel Einsames, Mürrisches, Deutsches, Schweigendes, und in dem Worte »Französisch« liegt hingegen so viel Geselliges, Artiges, Französisches, Schwatzendes! Wie könnte ein Franzose ein Gespenst sein, oder gar wie könnten in Paris Gespenster existieren! In Paris, im Foyer der europäischen Gesellschaft! Zwischen zwölf und ein Uhr, der Stunde, die nun einmal von jeher den Gespenstern zum Spuken angewiesen ist, rauscht noch das lebendigste Leben in den Gassen von Paris, in der Oper klingt eben dann das brausendste Finale, aus den Variétés und dem Gymnase strömen die heitersten Gruppen, und das wimmelt und tänzelt und lacht und schäkert auf den Boulevards, und man geht in die Soiree. Wie müßte sich ein armes spukendes Gespenst unglücklich fühlen in dieser heiteren Menschenbewegung! Und wie könnte ein Franzose, selbst wenn er tot ist, den zum Spuken nötigen Ernst beibehalten, wenn ihn von allen Seiten die bunteste Volkslust umjauchzt! Ich selbst, obgleich ein Deutscher, im Fall ich tot wäre und hier in Paris des Nachts spuken sollte, ich könnte meine Gespensterwürde gewiß nicht behaupten, wenn mir etwa an einer Straßenecke irgend eine jener Göttinnen des Leichtsinns entgegenrennte, die einem dann so köstlich ins Gesicht zu lachen wissen. Gäbe es wirklich in Paris Gespenster, so bin ich überzeugt, gesellig wie die Franzosen sind, sie würden sich sogar als Gespenster einander anschließen, sie würden bald Gespensterreunions bilden, sie würden ein Totenkaffeehaus stiften, eine Totenzeitung herausgeben, eine Pariser Totenrevue, und es gäbe bald Totensoirees, où l'on fera de la musique. Ich bin überzeugt, die Gespenster würden sich hier in Paris weit mehr amüsieren als bei uns die Lebenden. Was mich betrifft, wüßte ich, daß man solcherweise in Paris als Gespenst existieren könnte, ich würde den Tod nicht mehr fürchten. Ich würde nur Maßregeln treffen, daß ich am Ende auf dem Père-Lachaise beerdigt werde und in Paris spuken kann, zwischen zwölf und ein Uhr. Welche köstliche Stunde! Ihr deutschen Landsleute, wenn Ihr nach meinem Tode mal nach Paris kommt, und mich des Nachts hier als Gespenst erblickt, erschreckt nicht; ich spuke nicht in furchtbar unglücklich deutscher Weise, ich spuke vielmehr zu meinem Vergnügen.

Da man, wie ich in allen Gespenstergeschichten gelesen, gewöhnlich an den Orten spuken muß, wo man Geld begraben hat, so will ich aus Vorsorge einige Sous irgendwo auf den Boulevards begraben. Bis jetzt habe ich zwar schon in Paris Geld totgeschlagen, aber nie begraben.

O Ihr armen französischen Schriftsteller, Ihr solltet doch endlich einsehen, daß Eure Schauerromane und Spukgeschichten ganz unpassend sind für ein Land, wo es entweder gar keine Gespenster gibt, oder wo doch die Gespenster so gesellschaftlich heiter wie wir anderen sich gehaben würden. Ihr kommt mir vor wie die Kinder, die sich Masken vors Gesicht halten, um sich einander Furcht einzujagen. Es sind ernsthafte, furchtbare Larven, aber durch die Augenluken schauen fröhliche Kinderaugen. Wir Deutschen hingegen tragen zuweilen die freundlich jugendlichsten Larven, und aus den Augen lauscht der greise Tod. Ihr seid ein zierliches, liebenswürdiges, vernünftiges und lebendiges Volk, und nur das Schöne und Edle und Menschliche liegt im Bereiche Eurer Kunst. Das haben schon Eure älteren Schriftsteller eingesehen, und Ihr, die neueren, werdet am Ende ebenfalls zu dieser Einsicht gelangen. Laßt ab vom Schauerlichen und Gespenstischen. Laßt uns Deutschen alle Schrecknisse des Wahnsinns, des Fiebertraums und der Geisterwelt. Deutschland ist ein gedeihlicheres Land für alte Hexen, tote Bärenhäuter, Golems jedes Geschlechts, und besonders für Feldmarschälle wie der kleine Cornelius Nepos. Nur jenseits des Rheins können solche Gespenster gedeihen; nimmermehr in Frankreich. Als ich hierher reiste, begleiteten mich meine Gespenster bis an die französische Grenze. Da nahmen sie betrübt von mir Abschied. Denn der Anblick der dreifarbigen Fahne verscheucht die Gespenster jeder Art. – O! ich möchte mich auf den Straßburger Münster stellen, mit einer dreifarbigen Fahne in der Hand, die bis nach Frankfurt reichte. Ich glaube, wenn ich die geweihte Fahne über mein teures Vaterland hinüberschwenkte, und die rechten exorzierenden Worte dabei ausspräche: die alten Hexen würden auf ihren Besenstielen davonfliegen, die kalten Bärenhäuter würden wieder in ihre Gräber hinabkriechen, die Golems würden wieder als eitel Lehm zusammenfallen, der Feldmarschall Cornelius Nepos kehrte wieder zurück nach dem Orte, woher er gekommen, und der ganze Spuk wäre zu Ende.

III

Die Geschichte der Literatur ist eben so schwierig zu beschreiben wie die Naturgeschichte. Dort wie hier hält man sich an die besonders hervortretende Erscheinungen. Aber wie in einem kleinen Wasserglas eine ganze

Welt wunderlicher Tierchen enthalten ist, die eben so sehr von der Allmacht Gottes zeugen, wie die größten Bestien: so enthält der kleinste Musenalmanach zuweilen eine Unzahl Dichterlinge, die dem stillen Forscher eben so interessant dünken, wie die größten Elefanten der Literatur. Gott ist groß!

Die meisten Literaturhistoriker geben uns wirklich eine Literaturgeschichte wie eine wohlgeordnete Menagerie, und immer besonders abgesperrt, zeigen sie uns epische Säugedichter, lyrische Luftdichter, dramatische Wasserdichter, prosaische Amphibien, die sowohl Land- wie Seeromane schreiben, humoristische Mollusken usw. Andere, im Gegenteil, treiben die Literaturgeschichte pragmatisch, beginnen mit den ursprünglichen Menschheitsgefühlen, die sich in den verschiedenen Epochen ausgebildet und endlich eine Kunstform angenommen; sie beginnen ab ovo wie der Geschichtschreiber, der den trojanischen Krieg mit der Erzählung vom Ei der Leda eröffnet. Und wie dieser handeln sie töricht. Denn ich bin überzeugt, wenn man das Ei der Leda zu einer Omelette verwendet hätte, würden sich dennoch Hektor und Achilles vor dem skäischen Tore begegnet und ritterlich bekämpft haben. Die großen Fakta und die großen Bücher entstehen nicht aus Geringfügigkeiten, sondern sie sind notwendig, sie hängen zusammen mit den Kreisläufen von Sonne, Mond und Sterne, und sie entstehen vielleicht durch deren Influenz auf die Erde. Die Fakta sind nur die Resultate der Ideen; ... aber wie kommt es, daß zu gewissen Zeiten sich gewisse Ideen so gewaltig geltend machen, daß sie das ganze Leben der Menschen, ihr Tichten und Trachten, ihr

Denken und Schreiben, aufs wunderbarste umgestalten? Es ist vielleicht an der Zeit eine literarische Astrologie zu schreiben und die Erscheinung gewisser Ideen, oder gewisser Bücher worin diese sich offenbaren, aus der Konstellation der Gestirne zu erklären.

Oder entspricht das Aufkommen gewisser Ideen nur den momentanen Bedürfnissen der Menschen? Suchen sie immer die Ideen, womit sie ihre jedesmaligen Wünsche legitimieren können? In der Tat, die Menschen sind ihrem innersten Wesen nach lauter Doktrinäre; sie wissen immer eine Doktrin zu finden, die alle ihre Entsagungen oder Begehrnisse justifiziert. In bösen, mageren Tagen, wo die Freude ziemlich unerreichbar geworden, huldigen sie dem Dogma der Abstinenz und behaupten, die irdischen Trauben seien sauer; werden jedoch die Zeiten wohlhabender, wird es den Leuten möglich emporzulangen nach den schönen Früchten dieser Welt, dann tritt auch eine heitere Doktrin ans Licht, die dem Leben alle seine Süßigkeiten und sein volles, unveräußerliches Genußrecht vindiziert.

Nahen wir dem Ende der christlichen Fastenzeit und bricht das rosige Weltalter der Freude schon leuchtend heran? Wie wird die heitere Doktrin die Zukunft gestalten?

In der Brust der Schriftsteller eines Volkes liegt schon das Abbild von dessen Zukunft, und ein Kritiker, der mit hinlänglich scharfem Messer einen neueren Dichter sezierte, könnte, wie aus den Eingeweiden eines Opfertiers, sehr leicht prophezeien, wie sich Deutschland in der Folge gestalten wird. Ich würde herzlich gern, als ein literärischer Kalchas, in dieser Absicht einige unserer jüngsten Poeten kritisch abschlachten, müßte ich nicht befürchten in ihren Eingeweiden viele Dinge zu sehen, über die ich mich hier nicht aussprechen darf. Man kann nämlich unsere neueste deutsche Literatur nicht besprechen, ohne ins tiefste Gebiet der Politik zu geraten. In Frankreich, wo sich die belletristischen Schriftsteller von der politischen Zeitbewegung zu entfernen suchen, sogar mehr als löblich, da mag man jetzt die Schöngeister des Tages beurteilen und den Tag selbst unbesprochen lassen können. Aber jenseits des Rheines werfen sich jetzt die belletristischen Schriftsteller mit Eifer in die Tagesbewegung, wovon sie sich so lange entfernt gehalten. Ihr Franzosen seid während funfzig Jahren beständig auf den Beinen gewesen und seid jetzt müde; wir Deutsche hingegen haben bis jetzt am Studiertische gesessen, und haben alte Klassiker kommentiert, und möchten uns jetzt einige Bewegung machen.

Derselbe Grund, den ich oben angedeutet, verhindert mich mit gehöriger Würdigung einen Schriftsteller zu besprechen, über welchen Frau v. Staël nur flüchtige Andeutungen gegeben, und auf welchen seitdem, durch die geistreichen Artikel von Philaret Chasles, das französische Publikum noch besonders aufmerksam geworden. Ich rede von Jean Paul Friedrich Richter. Man hat ihn den Einzigen genannt. Ein treffliches Urteil, das ich jetzt erst ganz begreife, nachdem ich vergeblich darüber nachgesonnen, an welcher Stelle man in einer Literaturgeschichte von ihm reden müßte. Er ist fast gleichzeitig mit der romantischen Schule aufgetreten, ohne im mindesten daran Teil zu nehmen, und eben so wenig hegte er später die mindeste Gemeinschaft mit der

Goetheschen Kunstschule. Er steht ganz isoliert in seiner Zeit, eben weil er, im Gegensatz zu den beiden Schulen, sich ganz seiner Zeit hingegeben und sein Herz ganz davon erfüllt war. Sein Herz und seine Schriften waren eins und dasselbe. Diese Eigenschaft, diese Ganzheit finden wir auch bei den Schriftstellern des heutigen jungen Deutschlands, die ebenfalls keinen Unterschied machen wollen zwischen Leben und Schreiben, die nimmermehr die Politik trennen von Wissenschaft, Kunst und Religion, und die zu gleicher Zeit Künstler, Tribune und Apostel sind.

Ja, ich wiederhole das Wort Apostel, denn ich weiß kein bezeichnenderes Wort. Ein neuer Glaube beseelt sie mit einer Leidenschaft, von welcher die Schriftsteller der früheren Periode keine Ahnung hatten. Es ist dieses der Glaube an den Fortschritt, ein Glaube, der aus dem Wissen entsprang. Wir haben die Lande gemessen, die Naturkräfte gewogen, die Mittel der Industrie berechnet, und siehe, wir haben ausgefunden: daß diese Erde groß genug ist; daß sie jedem hinlänglichen Raum bietet, die Hütte seines Glückes darauf zu bauen; daß diese Erde uns alle anständig ernähren kann, wenn wir alle arbeiten und nicht Einer auf Kosten des Anderen leben will; und daß wir nicht nötig haben die größere und ärmere Klasse an den Himmel zu verweisen. – Die Zahl dieser Wissenden und Gläubigen ist freilich noch gering. Aber die Zeit ist gekommen wo die Völker nicht mehr nach Köpfen gezählt werden, sondern nach Herzen. Und ist das große Herz eines einzigen Heinrich Laube nicht mehr wert, als ein ganzer Tiergarten von Raupachen und Komödianten?

Ich habe den Namen Heinrich Laube genannt; denn, wie könnte ich von dem jungen Deutschland sprechen, ohne des großen flammenden Herzens zu gedenken, das daraus am glänzendsten hervorleuchtet. Heinrich Laube, einer jener Schriftsteller, die seit der Juliusrevolution aufgetreten sind, ist für Deutschland von einer sozialen Bedeutung, deren ganzes Gewicht jetzt noch nicht ermessen werden kann. Er hat alle guten Eigenschaften, die wir bei den Autoren der vergangenen Periode finden, und verbindet damit den apostolischen Eifer des jungen Deutschlands. Dabei ist seine gewaltige Leidenschaft durch hohen Kunstsinn gemildert und verklärt. Er ist begeistert für das Schöne eben so sehr wie für das Gute; er hat ein feines Ohr und ein scharfes Auge für edle Form; und gemeine Naturen widern ihn an, selbst wenn sie als Kämpen für noble Gesinnung dem Vaterlande nutzen. Dieser Kunstsinn, der ihm angeboren, schützte ihn auch vor der großen Verirrung jenes patriotischen Pöbels, der noch immer nicht aufhört, unseren großen Meister Goethe zu verlästern und zu schmähen.

In dieser Hinsicht verdient auch ein anderer Schriftsteller der jüngsten Zeit, Herr Karl Gutzkow, das höchste Lob. Wenn ich diesen erst nach Laube erwähne, so geschieht es keineswegs weil ich ihm nicht eben so viel Talent zutraue, noch viel weniger weil ich von seinen Tendenzen minder erbaut wäre; nein, auch Karl Gutzkow muß ich die schönsten Eigenschaften der schaffenden Kraft und des urteilenden Kunstsinnes zuerkennen, und auch seine Schriften erfreuen mich durch die richtige Auffassung unserer Zeit und ihrer Bedürfnisse; aber in allem was Laube schreibt, herrscht eine weitaustönende Ruhe, eine selbstbewußte Größe, eine stille Sicherheit, die mich persönlich tiefer anspricht, als die pittoreske, farbenschillernde und stechend gewürzte Beweglichkeit des Gutzkowschen Geistes.

Herr Karl Gutzkow, dessen Seele voller Poesie, mußte ebenso wie Laube sich zeitig von jenen Zeloten, die unseren großen Meister schmähen, aufs bestimmteste lossagen. Dasselbe gilt von den Herren L. Wienbarg und Gustav Schlesier, zwei höchst ausgezeichneten Schriftstellern der jüngsten Periode, die ich hier, wo vom jungen Deutschland die Rede ist, ebenfalls nicht unerwähnt lassen darf. Sie verdienen, in der Tat, unter dessen Chorführern genannt zu werden und ihr Name hat guten Klang gewonnen im Lande. Es ist hier nicht der Ort ihr Können und Wirken ausführlicher zu besprechen. Ich habe mich zu sehr von meinem Thema entfernt; nur noch von Jean Paul will ich mit einigen Worten reden.

Ich habe erwähnt wie Jean Paul Friedrich Richter in seiner Hauptrichtung dem jungen Deutschland voranging. Dieses letztere jedoch, aufs Praktische angewiesen, hat sich der abstrusen Verworrenheit, der barocken Darstellungsart und des ungenießbaren Stiles der Jean-Paulschen Schriften zu enthalten gewußt. Von diesem Stile kann sich ein klarer wohlredigierter französischer Kopf nimmermehr einen Begriff machen. Jean Pauls Periodenbau besteht aus lauter kleinen Stübchen, die manchmal so eng sind, daß wenn eine Idee dort mit einer anderen zusammentrifft, sie sich beide die Köpfe zerstoßen; oben an der Decke sind lauter Haken, woran

Jean Paul allerlei Gedanken hängt, und an den Wänden sind lauter geheime Schubladen, worin er Gefühle verbirgt. Kein deutscher Schriftsteller ist so reich wie er an Gedanken und Gefühlen, aber er läßt sie nie zur Reife kommen, und mit dem Reichtum seines Geistes und seines Gemütes bereitet er uns mehr Erstaunen als Erquickung. Gedanken und Gefühle, die zu ungeheuren Bäumen auswachsen würden, wenn er sie ordentlich Wurzel fassen und mit allen ihren Zweigen, Blüten und Blättern sich ausbreiten ließe: diese rupft er aus, wenn sie kaum noch kleine Pflänzchen, oft sogar noch bloße Keime sind, und ganze Geisteswälder werden uns solchermaßen, auf einer gewöhnlichen Schüssel, als Gemüse vorgesetzt. Dieses ist nun eine wundersame, ungenießbare Kost; denn nicht jeder Magen kann junge Eichen, Zedern, Palmen und Banianen in solcher Menge vertragen. Jean Paul ist ein großer Dichter und Philosoph, aber man kann nicht unkünstlerischer sein als eben er im Schaffen und Denken. Er hat in seinen Romanen echtpoetische Gestalten zur Welt gebracht, aber alle diese Geburten schleppen eine närrisch lange Nabelschnur mit sich herum und verwickeln und würgen sich damit. Statt Gedanken gibt er uns eigentlich sein Denken selbst, wir sehen die materielle Tätigkeit seines Gehirns; er gibt uns, sozusagen, mehr Gehirn als Gedanken. In allen Richtungen hüpfen dabei seine Witze, die Flöhe seines erhitzten Geistes. Er ist der lustigste Schriftsteller und zugleich der sentimentalste. Ja, die Sentimentalität überwindet ihn immer und sein Lachen verwandelt sich jählings in Weinen. Er vermummt sich manchmal in einen bettelhaften plumpen

Gesellen, aber dann plötzlich, wie die Fürsten inkognito, die wir auf dem Theater sehen, knöpft er den groben Oberrock auf, und wir erblicken alsdann den strahlenden Stern.

Hierin gleicht Jean Paul ganz dem großen Irländer, womit man ihn oft verglichen. Auch der Verfasser des »Tristram Shandy«, wenn er sich in den rohesten Trivialitäten verloren, weiß uns plötzlich, durch erhabene Übergänge, an seine fürstliche Würde, an seine Ebenbürtigkeit mit Shakespeare zu erinnern. Wie Lorenz Sterne hat auch Jean Paul in seinen Schriften seine Persönlichkeit Preis gegeben, er hat sich ebenfalls in menschlichster Blöße gezeigt, aber doch mit einer gewissen unbeholfenen Scheu, besonders in geschlechtlicher Hinsicht. Lorenz Sterne zeigt sich dem Publikum ganz entkleidet, er ist ganz nackt; Jean Paul hingegen hat nur Löcher in der Hose. Mit Unrecht glauben einige Kritiker, Jean Paul habe mehr wahres Gefühl besessen als Sterne, weil dieser, sobald der Gegenstand, den er behandelt, eine tragische Höhe erreicht, plötzlich in den scherzhaftesten, lachendsten Ton überspringt; statt daß Jean Paul, wenn der Spaß nur im mindesten ernsthaft wird, allmählich zu flennen beginnt und ruhig seine Tränendrüsen austräufen läßt. Nein, Sterne fühlte vielleicht noch tiefer als Jean Paul, denn er ist ein größerer Dichter. Er ist, wie ich schon erwähnt, ebenbürtig mit William Shakespeare, und auch ihn, den Lorenz Sterne, haben die Musen erzogen auf dem Parnaß. Aber, nach Frauenart, haben sie ihn, besonders durch ihre Liebkosungen, schon frühe verdorben. Er war das Schoßkind der bleichen tragischen Göttin. Einst, in einem Anfall von grausamer Zärtlichkeit, küßte diese ihm das junge Herz so gewaltig, so liebestark, so inbrünstig saugend, daß das Herz zu bluten begann und plötzlich alle Schmerzen dieser Welt verstand und von unendlichem Mitleid erfüllt wurde. Armes, junges Dichterherz! Aber die jüngere Tochter Mnemosynes, die rosige Göttin des Scherzes, hüpfte schnell hinzu und nahm den leidenden Knaben in ihre Arme und suchte ihn zu erheitern mit Lachen und Singen und gab ihm als Spielzeug die komische Larve und die närrischen Glöckchen, und küßte begütigend seine Lippen, und küßte ihm darauf all ihren Leichtsinn, all ihre trotzige Lust, all ihre witzige Neckerei.

Und seitdem gerieten Sternes Herz und Sternes Lippen in einen sonderbaren Widerspruch: wenn sein Herz manchmal ganz tragisch bewegt ist, und er seine tiefsten blutenden Herzensgefühle aussprechen will, dann, zu seiner eignen Verwunderung, flattern von seinen Lippen die lachend ergötzlichsten Worte.

IV

Im Mittelalter herrschte unter dem Volke die Meinung: wenn irgend ein Gebäude zu errichten sei, müsse man etwas Lebendiges schlachten und auf dem Blute desselben den Grundstein legen; dadurch werde das Gebäude fest und unerschütterlich stehen bleiben. War es nun der altheidnische Wahnwitz, daß man sich die Gunst der Götter durch Blutopfer erwerbe, oder war es Mißbegriff der christlichen Versöhnungslehre was diese Meinung von der Wunderkraft des Blutes, von einer Heiligung durch Blut, von diesem Glauben an Blut hervorgebracht hat: genug, er war herrschend, und in Liedern und Sagen lebt die schauerliche Kunde, wie man Kinder oder Tiere geschlachtet, um mit ihrem Blute große Bauwerke zu festigen. Heut zu Tage ist die Menschheit verständiger; wir glauben nicht mehr an die Wunderkraft des Blutes, weder an das Blut eines Edelmanns noch eines Gottes, und die große Menge glaubt nur an Geld. Besteht nun die heutige Religion in der Geldwerdung Gottes oder in der Gottwerdung des Geldes? Genug, die Leute glauben nur an Geld; nur dem gemünzten Metall, den silbernen und goldenen Hostien, schreiben sie eine Wunderkraft zu; das Geld ist der Anfang und das Ende aller ihrer Werke; und wenn sie ein Gebäude zu errichten haben, so tragen sie große Sorge, daß unter den Grundstein einige Geldstücke, eine Kapsel mit allerlei Münzen, gelegt werden.

Ja, wie im Mittelalter Alles, die einzelnen Bauwerke ebenso wie das ganze Staats- und Kirchengebäude, auf den Glauben an Blut beruhte, so beruhen alle unsere heutigen Institutionen auf den Glauben an Geld, auf wirkliches Geld. Jenes war Aberglauben, doch dieses ist der bare Egoismus. Ersteren zerstörte die Vernunft, letzteren wird das Gefühl zerstören. Die Grundlage der menschlichen Gesellschaft wird einst eine bessere sein, und alle großen Herzen Europas sind schmerzhaft beschäftigt, diese neue bessere Basis zu entdecken.

Vielleicht war es der Mißmut ob dem jetzigen Geldglauben, der Widerwille gegen den Egoismus, den sie überall hervorgrinsen sahen, was in Deutschland einige

Dichter von der romantischen Schule, die es ehrlich meinten, zuerst bewogen hatte, aus der Gegenwart in die Vergangenheit zurückzuflüchten und die Restauration des Mittelalters zu befördern. Dieses mag namentlich bei denjenigen der Fall sein, die nicht die eigentliche Koterie bildeten. Zu dieser letztern gehörten die Schriftsteller die ich im zweiten Buche besonders abgehandelt, nachdem ich im ersten Buche die romantische Schule im allgemeinen besprochen. Nur wegen dieser literarhistorischen Bedeutung, nicht wegen ihres inneren Wertes, habe ich von diesen Koteriegenossen, die in Gemeinschaft wirkten, zuerst und ganz umständlich geredet. Man wird mich daher nicht mißverstehen, wenn von Zacharias Werner, von dem Baron de la Motte Fouqué und von Herren Ludwig Uhland eine spätere und kärglichere Meldung geschieht. Diese drei Schriftsteller verdienten vielmehr, ihrem Werte nach, weit ausführlicher besprochen und gerühmt zu werden. Denn Zacharias Werner war der einzige Dramatiker der Schule, dessen Stücke auf der Bühne aufgeführt und vom Parterre applaudiert wurden. Der Herr Baron de la Motte Fouqué war der einzige epische Dichter der Schule, dessen Romane das ganze Publikum ansprachen. Und Herr Ludwig Uhland ist der einzige Lyriker der Schule, dessen Lieder in die Herzen der großen Menge gedrungen sind und noch jetzt im Munde der Menschen leben.

In dieser Hinsicht verdienen die erwähnten drei Dichter einen Vorzug vor Herren Ludwig Tieck, den ich als einen der besten Schriftsteller der Schule gepriesen habe. Herr Tieck hat nämlich, obgleich das Theater sein

Steckenpferd ist und er von Kind auf bis heute sich mit dem Komödiantentum, und mit den kleinsten Details desselben, beschäftigt hat, doch immer darauf verzichten müssen, jemals von der Bühne herab die Menschen zu bewegen, wie es dem Zacharias Werner gelungen ist. Herr Tieck hat sich immer ein Hauspublikum halten müssen, dem er selber seine Stücke vordeklamierte und auf deren Händeklatschen ganz sicher zu rechnen war. Während Herr de la Motte Fouqué von der Herzogin bis zur Wäscherin mit gleicher Lust gelesen und als die Sonne der Leihbibliotheken strahlte, war Herr Tieck nur die Astrallampe der Teegesellschaften, die, angeglänzt von seiner Poesie, bei der Vorlesung seiner Novellen, ganz seelenruhig ihren Tee verschluckten. Die Kraft dieser Poesie mußte immer desto mehr hervortreten, je mehr sie mit der Schwäche des Tees kontrastierte, und in Berlin, wo man den mattesten Tee trinkt, mußte Herr Tieck als einer der kräftigsten Dichter erscheinen. Während die Lieder unseres vortrefflichen Uhland in Wald und Tal erschollen, und noch jetzt von wilden Studenten gebrüllt und von zarten Jungfrauen gelispelt werden, ist kein einziges Lied des Herren Tieck in unsere Seelen gedrungen, kein einziges Lied des Herren Ludwig Tieck ist in unserem Ohre geblieben, das große Publikum kennt kein einziges Lied dieses großen Lyrikers.

Zacharias Werner ist geboren zu Königsberg in Preußen, den 18ten November 1768. Seine Verbindung mit den Schlegeln war keine persönliche, sondern nur eine sympathetische. Er begriff in der Ferne was sie wollten, und tat sein möglichstes in ihrem Sinne zu dichten. Aber er konnte sich für die Restauration des Mittelalters nur einseitig, nämlich nur für die hierarchisch katholische Seite desselben, begeistern; die feudalistische Seite hat sein Gemüt nicht so stark in Bewegung gesetzt. Hierüber hat uns sein Landsmann T. A. Hoffmann, in den »Serapionsbrüdern«, einen merkwürdigen Aufschluß erteilt. Er erzählt nämlich, daß Werners Mutter gemütskrank gewesen und während ihrer Schwangerschaft sich eingebildet, daß sie die Muttergottes sei und den Heiland zur Welt bringe. Der Geist Werners trug nun, sein ganzes Leben hindurch, das Muttermal dieses religiösen Wahnsinns. Die entsetzlichste Religionsschwärmerei finden wir in allen seinen Dichtungen. Eine einzige, der »Vierundzwanzigste Februar«, ist frei davon und gehört zu den kostbarsten Erzeugnissen unserer dramatischen Literatur. Sie hat, mehr als Werners übrige Stücke, auf dem Theater den größten Enthusiasmus hervorgebracht. Seine anderen dramatischen Werke haben den großen Haufen weniger angesprochen, weil es dem Dichter, bei aller drastischen Kraft, fast gänzlich an Kenntnis der Theaterverhältnisse fehlte.

Der Biograph Hoffmanns, der Herr Kriminalrat Hitzig, hat auch Werners Leben beschrieben. Eine gewissenhafte Arbeit, für den Psychologen ebenso interessant wie für den Literarhistoriker. Wie man mir jüngst erzählt, war Werner auch einige Zeit hier in Paris, wo er an den peripatetischen Philosophinnen, die damals des Abends, im brillantesten Putz, die Galerien des Palais-Royal durchwandelten, sein besonderes Wohlgefallen fand. Sie liefen immer hinter ihm drein, und neckten ihn, und lachten über seinen komischen Anzug und seine noch komischeren Manieren. Das war die gute alte Zeit! Ach, wie das Palais-Royal so hat sich auch Zacharias Werner späterhin sehr verändert; die letzte Lampe der Lust erlosch im Gemüte des vertrübten Mannes, zu Wien trat er in den Orden der Liguorianer, und in der Sankt Stephanskirche predigte er dort über die Nichtigkeit aller irdischen Dinge. Er hatte ausgefunden, daß alles auf Erden eitel sei. Der Gürtel der Venus, behauptete er jetzt, sei nur eine häßliche Schlange, und die erhabene Juno trage unter ihrem weißen Gewande ein Paar hirschlederne, nicht sehr reinliche Postillionshosen. Der Pater Zacharias kasteite sich jetzt und fastete und eiferte gegen unsere verstockte Weltlust. Verflucht ist das Fleisch! schrie er so laut und mit so grell ostpreußischem Akzent, daß die Heiligenbilder in Sankt Stephan erzitterten und die Wiener Grisetten allerliebst lächelten. Außer dieser wichtigen Neuigkeit erzählte er den Leuten beständig: daß er ein großer Sünder sei.

Genau betrachtet ist sich der Mann immer konsequent geblieben, nur daß er früherhin bloß besang was er späterhin wirklich übte. Die Helden seiner meisten Dramen sind schon mönchisch entsagende Liebende, asketische Wollüstlinge, die in der Abstinenz eine erhöhte Wonne entdeckt haben, die durch die Marter des Fleisches ihre Genußsucht spiritualisieren, die in den Tiefen der religiösen Mystik die schauerlichsten Seligkeiten suchen, heilige Roués.

Kurz vor seinem Tode war die Freude an dramatischer Gestaltung noch einmal in Wernern erwacht, und er schrieb noch eine Tragödie, betitelt: »die Mutter der Makkabäer«. Hier galt es aber nicht den profanen Lebensernst mit romantischen Späßen zu festonieren; zu dem heiligen Stoff wählte er auch einen kirchlich breitgezogenen Ton, die Rhythmen sind feierlich gemessen wie Glockengeläute, bewegen sich langsam wie eine Karfreitagsprozession, und es ist eine palästinasche Legende in griechischer Tragödienform. Das Stück fand wenig Beifall bei den Menschen hier unten; ob es den Engeln im Himmel besser gefiel, das weiß ich nicht.

Aber der Pater Zacharias starb bald darauf, Anfang des Jahres 1823, nachdem er über 54 Jahre auf dieser sündigen Erde gewandelt.

Wir lassen ihn ruhen, den Toten, und wenden uns zu dem zweiten Dichter des romantischen Triumvirats. Es ist der vortreffliche Freiherr de la Motte Fouqué, geboren in der Mark Brandenburg im Jahre 1777 und zum Professor ernannt an der Universität Halle, im Jahr 1833. Früher stand er als Major im königl. preuß. Militärdienst und gehört zu den Sangeshelden oder Heldensängern, deren Leier und Schwert, während dem sogenannten Freiheitskriege, am lautesten erklang. Sein Lorbeer ist von echter Art. Er ist ein wahrer Dichter und die Weihe der Poesie ruht auf seinem Haupte. Wenigen Schriftstellern ward so allgemeine Huldigung zu Teil, wie einst unserem vortrefflichen Fouqué. Jetzt hat er seine Leser nur noch unter dem Publikum der Leihbibliotheken. Aber dieses Publikum ist immer groß genug, und Herr Fouqué kann sich rühmen, daß er der einzige von der romantischen Schule ist, an dessen Schriften auch die niederen Klassen Geschmack gefunden. Während man in den ästhetischen Teezirkeln Berlins über den heruntergekommenen Ritter die Nase rümpfte, fand ich, in einer kleinen Harzstadt, ein wunderschönes Mädchen, welches von Fouqué mit entzückender Begeisterung sprach und errötend gestand daß sie gern ein Jahr ihres Lebens dafür hingäbe, wenn sie nur einmal den Verfasser der »Undine« küssen könnte. – Und dieses Mädchen hatte die schönsten Lippen, die ich jemals gesehen.

Aber welch ein wunderliebliches Gedicht ist die »Undine«! Dieses Gedicht ist selbst ein Kuß; der Genius der Poesie küßte den schlafenden Frühling, und dieser schlug lächelnd die Augen auf, und alle Rosen dufteten und alle Nachtigallen sangen, und was die Rosen dufteten und die Nachtigallen sangen, das hat unser vortrefflicher Fouqué in Worte gekleidet und er nannte es: »Undine«.

Ich weiß nicht, ob diese Novelle ins Französische übersetzt worden. Es ist die Geschichte von der schönen Wasserfee, die keine Seele hat, die nur dadurch, daß sie sich in einen Ritter verliebt, eine Seele bekömmt ... aber, ach! mit dieser Seele bekömmt sie auch unsere menschlichen Schmerzen, ihr ritterlicher Gemahl wird treulos, und sie küßt ihn tot. Denn der Tod ist in diesem Buche ebenfalls nur ein Kuß.

Diese Undine könnte man als die Muse der Fouquéschen Poesie betrachten. Obgleich sie unendlich schön ist, obgleich sie ebenso leidet wie wir und irdischer Kummer sie hinlänglich belastet, so ist sie doch kein eigentlich menschliches Wesen. Unsere Zeit aber stößt alle solche Luft- und Wassergebilde von sich, selbst die schönsten, sie verlangt wirkliche Gestalten des Lebens, und am allerwenigsten verlangt sie Nixen, die in adligen Rittern verliebt sind. Das war es. Die retrograde Richtung, das beständige Loblied auf den Geburtadel, die unaufhörliche Verherrlichung des alten Feudalwesens, die ewige Rittertümelei, mißbehagte am Ende den bürgerlich Gebildeten im deutschen Publikum, und man wandte sich ab von dem unzeitgemäßen Sänger. In der Tat, dieser beständige Singsang von Harnischen, Turnierrossen, Burgfrauen, ehrsamen Zunftmeistern, Zwergen, Knappen, Schloßkapellen, Minne und Glaube, und wie der mittelalterliche Trödel sonst heißt, wurde uns endlich lästig; und als der ingeniose Hidalgo Friedrich de la Motte Fouqué sich immer tiefer in seine Ritterbücher versenkte, und im Traume der Vergangenheit das Verständnis der Gegenwart einbüßte: da mußten sogar seine besten Freunde sich kopfschüttelnd von ihm abwenden.

Die Werke die er in dieser späteren Zeit schrieb, sind ungenießbar. Die Gebrechen seiner früheren Schriften sind hier aufs höchste gesteigert. Seine Rittergestalten bestehen nur aus Eisen und Gemüt; sie haben weder Fleisch noch Vernunft. Seine Frauenbilder sind nur Bilder, oder vielmehr nur Puppen, deren goldne Locken gar zierlich herabwallen, über die anmutigen Blumengesichter. Wie die Werke von Walter Scott mahnen auch die Fouquéschen Ritterromane an die gewirkten Tapeten, die wir Gobelins nennen, und die durch reiche Gestaltung und Farbenpracht mehr unser Auge als unsere Seele ergötzen. Das sind Ritterfeste, Schäferspiele, Zweikämpfe, alte Trachten, alles recht hübsch neben einander, abenteuerlich ohne tieferen Sinn, bunte Oberflächlichkeit. Bei den Nachahmern Fouqués wie bei den

Nachahmern des Walter Scott ist diese Manier, statt der inneren Natur der Menschen und Dinge nur ihre äußere Erscheinung und das Kostüm zu schildern, noch trübseliger ausgebildet. Diese flache Art und leichte Weise grassiert heutigen Tags in Deutschland eben so gut wie in England und Frankreich. Wenn auch die Darstellungen nicht mehr die Ritterzeit verherrlichen, sondern auch unsere moderne Zustände betreffen, so ist es doch noch immer die vorige Manier, die statt der Wesenheit der Erscheinung nur das Zufällige derselben auffaßt. Statt Menschenkenntnis bekunden unsere neueren Romanciers bloß Kleiderkenntnis, und sie fußen vielleicht auf dem Sprüchwort: Kleider machen Leute. Wie anders die älteren Romanschreiber, besonders bei den Engländern. Richardson gibt uns die Anatomie der Empfindungen. Goldsmith behandelt pragmatisch die Herzensaktionen seiner Helden. Der Verfasser des »Tristram Shandy« zeigt uns die verborgensten Tiefen der Seele; er öffnet eine Luke der Seele, erlaubt uns einen Blick in ihre Abgründe, Paradiese und Schmutzwinkel, und läßt gleich die Gardine davor wieder fallen. Wir haben von vorn in das seltsame Theater hineingeschaut, Beleuchtung und Perspektive hat ihre Wirkung nicht verfehlt, und indem wir das Unendliche geschaut zu haben meinen, ist unser Gefühl unendlich geworden, poetisch. Was Fielding betrifft, so führt er uns gleich hinter die Kulissen, er zeigt uns die falsche Schminke auf allen Gefühlen, die plumpesten Springfedern der zartesten Handlungen, das Kolophonium, das nachher als Begeisterung aufblitzen wird, die Pauke worauf noch friedlich der Klopfer ruht, der späterhin den gewaltigsten Donner der Leidenschaft daraus hervortrommeln wird; kurz, er zeigt uns jene ganze innere Maschinerie, die große Lüge, wodurch uns die Menschen anders erscheinen als sie wirklich sind, und wodurch alle freudige Realität des Lebens verloren geht. Doch wozu als Beispiel die Engländer wählen, da unser Goethe, in seinem »Wilhelm Meister«, das beste Muster eines Romans geliefert hat.

Die Zahl der Fouquéschen Romane ist Legion; er ist einer der fruchtbarsten Schriftsteller. »Der Zauberring« und »Thiodolph der Isländer« verdienen besonders rühmend angeführt zu werden. Seine metrischen Dramen, die nicht für die Bühne bestimmt sind, enthalten große Schönheiten. Besonders »Sigurd, der Schlangentöter« ist ein kühnes Werk, worin die altskandinavische Heldensage mit all ihren Riesen- und Zauberwesen sich abspiegelt. Die Hauptperson des Dramas, der Sigurd, ist eine ungeheure Gestalt. Er ist stark wie die Felsen von Norweg und ungestüm wie das Meer, das sie umrauscht. Er hat so viel Mut wie hundert Löwen und so viel Verstand wie zwei Esel.

Herr Fouqué hat auch Lieder gedichtet. Sie sind die Lieblichkeit selbst. Sie sind so leicht, so bunt, so glänzend, so heiter dahinflatternd; es sind süße lyrische Kolibri.

Der eigentliche Liederdichter aber ist Herr Ludwig Uhland, der geboren zu Tübingen im Jahr 1787, jetzt als Advokat in Stuttgart lebt. Dieser Schriftsteller hat einen Band Gedichte, zwei Tragödien und zwei Abhandlungen über Walter von der Vogelweide und über französische Troubadouren geschrieben. Es sind zwei kleine historische Untersuchungen und zeugen von fleißigem Studium des Mittelalters. Die Tragödien heißen »Ludwig der Bayer« und »Herzog Ernst von Schwaben«. Erstere habe ich nicht gelesen; ist mir auch nicht als die vorzüglichere gerühmt worden. Die zweite jedoch enthält große Schönheiten und erfreut durch Adel der Gefühle und Würde der Gesinnung. Es weht darin ein süßer Hauch der Poesie, wie er in den Stücken, die jetzt auf unserem Theater so viel Beifall ernten, nimmermehr angetroffen wird. Deutsche Treue ist das Thema dieses Dramas; und wir sehen sie hier, stark wie eine Eiche, allen Stürmen trotzen; deutsche Liebe blüht, kaum bemerkbar, in der Ferne, doch ihr Veilchenduft dringt uns um so rührender ins Herz. Dieses Drama, oder vielmehr dieses Lied, enthält Stellen, welche zu den schönsten Perlen unserer Literatur gehören. Aber das Theaterpublikum hat das Stück dennoch mit Indifferenz aufgenommen oder vielmehr abgelehnt. Ich will die guten Leute des Parterres nicht allzu bitter darob tadeln. Diese Leute haben bestimmte Bedürfnisse, deren Befriedigung sie vom Dichter verlangen. Die Produkte des Poeten sollen nicht eben den Sympathien seines eignen Herzens, sondern viel eher dem Begehr des Publikums entsprechen. Dieses letztere gleicht ganz dem hungrigen Beduinen in der Wüste, der einen Sack mit Erbsen gefunden zu haben glaubt und ihn hastig öffnet; aber ach! es sind nur Perlen. Das Publikum verspeist mit Wonne des Herren Raupachs dürre Erbsen und Madame Birch-Pfeiffers Saubohnen; Uhlands Perlen findet es ungenießbar.

Da die Franzosen höchstwahrscheinlich nicht wissen,

wer Madame Birch-Pfeiffer und Herr Raupach ist, so muß ich hier erwähnen, daß dieses göttliche Paar, geschwisterlich neben einander stehend, wie Apoll und Diana, in den Tempeln unserer dramatischen Kunst am meisten verehrt wird. Ja, Herr Raupach ist ebensosehr dem Apoll wie Madame Birch-Pfeiffer der Diana vergleichbar. Was ihre reale Stellung betrifft, so ist letztere als kaiserl. österreichische Hofschauspielerin in Wien und ersterer als königl. preußischer Theaterdichter in Berlin angestellt. Die Dame hat schon eine Menge Dramen geschrieben worin sie selber spielt. Ich kann nicht umhin hier einer Erscheinung zu erwähnen, die den Franzosen fast unglaublich vorkommen wird: eine große Anzahl unserer Schauspieler sind auch dramatische Dichter und schreiben sich selbst ihre Stücke. Man sagt Herr Ludwig Tieck habe, durch eine unvorsichtige Äußerung, dieses Unglück veranlaßt. In seinen Kritiken bemerkte er nämlich: daß die Schauspieler in einem schlechten Stücke immer besser spielen können, als in einem guten Stücke. Fußend auf solchem Axiom griffen die Komödianten scharenweis zur Feder, schrieben Trauerspiele und Lustspiele die Hülle und Fülle, und es wurde uns manchmal schwer zu entscheiden: dichtete der eitle Komödiant sein Stück absichtlich schlecht, um gut darin zu spielen? oder spielte er schlecht in so einem selbstverfertigten Stücke, um uns glauben zu machen das Stück sei gut? Der Schauspieler und der Dichter, die bisher in einer Art von kollegialischem Verhältnisse standen (ungefähr wie der Scharfrichter und der arme Sünder), traten jetzt in offne Feindschaft. Die Schauspieler suchten die Poeten ganz vom Theater zu verdrängen, unter dem Vorgeben: sie verständen nichts von den Anforderungen der Bretterwelt, verständen nichts von drastischen Effekten und Theatercoups, wie nur der Schauspieler sie in der Praxis erlernt und sie in seinen Stücken anzubringen weiß. Die Komödianten, oder wie sie sich am liebsten nennen, die Künstler spielten daher vorzugsweise in ihren eignen Stücken oder wenigstens in Stücken, die einer der Ihrigen, ein Künstler, verfertigt hatte. In der Tat, diese entsprachen ganz ihren Bedürfnissen; hier fanden sie ihre Lieblingskostüme, ihre fleischfarbige Trikotpoesie, ihre applaudierten Abgänge, ihre herkömmlichen Grimassen, ihre Flittergold-Redensarten, ihr ganzes affektiertes Kunstzigeunertum: eine Sprache, die nur auf den Brettern gesprochen wird, Blumen, die nur diesem erlogenen Boden entsprossen, Früchte, die nur am Lichte der Orchesterlampe gereift, eine Natur worin nicht der Odem Gottes, sondern des Souffleurs weht, kulissenerschütternde Tobsucht, sanfte Wehmut mit kitzlender Flötenbegleitung, geschminkte Unschuld mit Lasterversenkungen, Monatsgagengefühle, Trompetentusch usw.

Solchermaßen haben die Schauspieler in Deutschland sich von den Poeten und auch von der Poesie selbst emanzipiert. Nur der Mittelmäßigkeit erlaubten sie noch, sich auf ihrem Gebiete zu produzieren. Aber sie geben genau acht, daß es kein wahrer Dichter ist, der, im Mantel der Mittelmäßigkeit, sich bei ihnen eindrängt. Wieviel Prüfungen hat Herr Raupach überstehen müssen, ehe es ihm gelang, auf dem Theater Fuß zu fassen! Und noch jetzt haben sie ein waches Auge auf ihn, und wenn er mal ein Stück schreibt, das nicht ganz und gar schlecht ist, so muß er, aus Furcht vor dem Ostrazismus der Komödianten, gleich wieder ein Dutzend der allermiserabelsten Machwerke zu Tage fördern. Ihr wundert Euch über das Wort »ein Dutzend«? Es ist gar keine Übertreibung von mir. Dieser Mann kann wirklich jedes Jahr ein Dutzend Dramen schreiben, und man bewundert diese Produktivität. Aber »es ist keine Hexerei«, sagt Jantjen von Amsterdam, der berühmte Taschenspieler, wenn wir seine Kunststücke anstaunen: »Es ist keine Hexerei, sondern nur die Geschwindigkeit«.

Daß es Herren Raupach gelungen ist, auf der deutschen Bühne emporzukommen, hat aber noch einen besonderen Grund. Dieser Schriftsteller, von Geburt ein Deutscher, hat lange Zeit in Rußland gelebt, dort erwarb er seine Bildung und es war die moskowitische Muse, die ihn eingeweiht in die Poesie. Diese Muse, die eingezobelte Schöne mit der holdselig aufgestülpten Nase, reichte unserem Dichter die volle Branntweinschale der Begeistrung, hing um seine Schulter den Köcher mit kirgisischen Witzpfeilen und gab in seine Hände die tragische Knute. Als er zuerst auf unsere Herzen damit losschlug, wie erschütterte er uns! Das Befremdliche der ganzen Erscheinung mußte uns nicht wenig in Verwunderung setzen. Der Mann gefiel uns gewiß nicht, im zivilisierten Deutschland; aber sein sarmatisch ungetümes Wesen, eine täppische Behendigkeit, ein gewisses brummendes Zugreifen in seinem Verfahren, verblüffte das Publikum. Es war jedenfalls ein origineller Anblick, wenn Herr Raupach auf seinem slawischen Pegasus, dem kleinen Klepper, über die

Steppen der Poesie dahinjagte, und unter dem Sattel, nach echter Baschkirenweise, seine dramatische Stoffe gar ritt. Dieses fand Beifall in Berlin, wo, wie Ihr wißt, alles Russische gut aufgenommen wird; dem Herren Raupach gelang es dort Fuß zu fassen, er wußte sich mit den Schauspielern zu verständigen, und seit einiger Zeit, wie schon gesagt, wird Raupach Apollo neben Diana Birch-Pfeiffer göttlich verehrt in dem Tempel der dramatischen Kunst. Dreißig Taler bekömmt er für jeden Akt den er schreibt, und er schreibt lauter Stücke von sechs Akten, indem er dem ersten Akt den Titel »Vorspiel« gibt. Alle möglichen Stoffe hat er schon unter den Sattel seines Pegasus geschoben und gar geritten. Kein Held ist sicher vor solchem tragischen Schicksal. Sogar den Siegfried, den Drachentöter, hat er unterbekommen. Die Muse der deutschen Geschichte ist in Verzweiflung. Einer Niobe gleich betrachtet sie, mit bleichem Schmerze, die edlen Kinder, die Raupach Apollo so entsetzlich bearbeitet hat. O Jupiter! er wagte es sogar Hand zu legen an die Hohenstaufen, unsere alten geliebten Schwabenkaiser! Es war nicht genug, daß Herr Friedrich Raumer sie geschichtlich eingeschlachtet, jetzt kommt gar Herr Raupach der sie fürs Theater zurichtet. Raumersche Holzfiguren überzieht er mit seiner ledernen Poesie, mit seinen russischen Juchten, und der Anblick solcher Karikaturen und ihr Mißduft verleidet uns am Ende noch die Erinnerung an die schönsten und edelsten Kaiser des deutschen Vaterlandes. Und die Polizei hemmt nicht solchen Frevel? Wenn sie nicht gar selbst die Hand im Spiel hat. Neue, emporstrebende Regentenhäuser lieben nicht bei dem

Volke die Erinnerung an die alten Kaiserstämme, an deren Stelle sie gern treten möchten. Nicht bei Immermann, nicht bei Grabbe, nicht einmal bei Herren Üchtritz, sondern bei dem Herren Raupach, wird die Berliner Theaterintendanz einen Barbarossa bestellen. Aber streng bleibt es Herren Raupach untersagt einen Hohenzollern unter den Sattel zu stecken; sollte es ihm einmal danach gelüsten, so würde man ihm bald die Hausvogtei als Helikon anweisen.

Die Ideenassoziation, die durch Kontraste entsteht, ist schuld daran, daß ich, indem ich von Herren Uhland reden wollte, plötzlich auf Herren Raupach und Madame Birch-Pfeiffer geriet. Aber obgleich dieses göttliche Paar, unsere Theaterdiana noch viel weniger als unser Theaterapoll, nicht zur eigentlichen Literatur gehört, so mußte ich doch einmal von ihnen reden, weil sie die jetzige Bretterwelt repräsentieren. Auf jeden Fall war ich es unseren wahren Poeten schuldig, mit wenigen Worten in diesem Buche zu erwähnen, von welcher Natur die Leute sind, die bei uns die Herrschaft der Bühne usurpieren.

V

Ich bin in diesem Augenblick in einer sonderbaren Verlegenheit. Ich darf die Gedichtesammlung des Herrn Ludwig Uhland nicht unbesprochen lassen, und dennoch befinde ich mich in einer Stimmung, die keinesweges solcher Besprechung günstig ist. Schweigen könnte hier als Feigheit oder gar als Perfidie erscheinen, und ehrlich offne Worte könnten als Mangel an Nächstenliebe gedeutet werden. In der Tat, die Sippen und Magen der Uhlandschen Muse und die Hintersassen seines Ruhmes werde ich mit der Begeisterung, die mir heute zu Gebote steht, schwerlich befriedigen. Aber ich bitte Euch, Zeit und Ort, wo ich dieses niederschreibe, gehörig zu ermessen. Vor zwanzig Jahren, ich war ein Knabe, ja damals, mit welcher überströmenden Begeisterung hätte ich den vortrefflichen Uhland zu feiern vermocht! Damals empfand ich seine Vortrefflichkeit vielleicht besser als jetzt; er stand mir näher an Empfindung und Denkvermögen. Aber so vieles hat sich seitdem ereignet! Was mir so herrlich dünkte, jenes chevalereske und katholische Wesen, jene Ritter die im adligen Turnei sich hauen und stechen, jene sanften Knappen und sittigen Edelfrauen, jene Nordlandshelden und Minnesänger, jene Mönche und Nonnen, jene Vätergrüfte mit Ahnungsschauern, jene blassen Entsagungsgefühle mit Glockengeläute und das ewige Wehmutsgewimmer, wie bitter ward es mir seitdem verleidet! Ja, einst war es anders. Wie oft, auf den Trümmern des alten Schlosses zu Düsseldorf am Rhein, saß ich und deklamierte vor mich hin das schönste aller Uhlandschen Lieder:

Der schöne Schäfer zog so nah
Vorüber an dem Königsschloß;
Die Jungfrau von der Zinne sah,
Da war ihr Sehnen groß.

Sie rief ihm zu ein süßes Wort:
»O dürft ich gehn hinab zu dir!

Wie glänzen weiß die Lämmer dort,
Wie rot die Blümlein hier!«

Der Jüngling ihr entgegenbot:
»O kämest du herab zu mir!
Wie glänzen so die Wänglein rot,
Wie weiß die Arme dir!«

Und als er nun mit stillem Weh
In jeder Früh vorübertrieb:
Da sah er hin, bis in der Höh
Erschien sein holdes Lieb.

Dann rief er freundlich ihr hinauf:
»Willkommen, Königstöchterlein!«
Ihr süßes Wort ertönte drauf:
»Viel Dank, du Schäfer mein!«

Der Winter floh, der Lenz erschien,
Die Blümlein blühten reich umher,
Der Schäfer tät zum Schlosse ziehn,
Doch sie erschien nicht mehr.

Er rief hinauf so klagevoll:
»Willkommen, Königstöchterlein!«
Ein Geisterlaut herunterscholl:
»Ade, du Schäfer mein!«

Wenn ich nun auf den Ruinen des alten Schlosses saß und dieses Lied deklamierte, hörte ich auch wohl zuweilen wie die Nixen im Rhein, der dort vorbeifließt, meine

Worte nachäfften, und das seufzte und das stöhnte aus den Fluten mit komischem Pathos:

> Ein Geisterlaut herunterscholl,
> »Ade, du Schäfer mein!«

Ich ließ mich aber nicht stören von solchen Neckereien der Wasserfrauen, selbst wenn sie bei den schönsten Stellen in Uhlands Gedichten ironisch kicherten. Ich bezog solches Gekicher damals bescheidentlich auf mich selbst, namentlich gegen Abend, wenn die Dunkelheit heranbrach, und ich mit etwas erhobener Stimme deklamierte, um dadurch die geheimnisvollen Schauer zu überwinden, die mir die alten Schloßtrümmer einflößten. Es ging nämlich die Sage, daß dort des Nachts eine Dame ohne Kopf umherwandle. Ich glaubte manchmal ihre lange seidne Schleppe vorbeirauschen zu hören, und mein Herz pochte ... das war die Zeit und der Ort, wo ich für die »Gedichte von Ludwig Uhland« begeistert war.

Dasselbe Buch habe ich wieder in Händen, aber zwanzig Jahre sind seitdem verflossen, ich habe unterdessen viel gehört und gesehen, gar viel, ich glaube nicht mehr an Menschen ohne Kopf, und der alte Spuk wirkt nicht mehr auf mein Gemüt. Das Haus, worin ich eben sitze und lese, liegt auf dem Boulevard Mont-Martre; und dort branden die wildesten Wogen des Tages, dort kreischen die lautesten Stimmen der modernen Zeit; das lacht, das grollt, das trommelt; im Sturmschritt schreitet vorüber die Nationalgarde; und jeder spricht französisch. – Ist das nun der Ort, wo man

Uhlands Gedichte lesen kann? Dreimal habe ich den Schluß des oberwähnten Gedichtes mir wieder vordeklamiert, aber ich empfinde nicht mehr das unnennbare Weh, das mich einst ergriff, wenn das Königstöchterlein stirbt und der schöne Schäfer so klagevoll zu ihr hinaufrief: Willkommen, Königstöchterlein!

> Ein Geisterlaut herunterscholl,
> »Ade, du Schäfer mein!«

Vielleicht auch bin ich für solche Gedichte etwas kühl geworden, seitdem ich die Erfahrung gemacht, daß es eine weit schmerzlichere Liebe gibt, als die welche den Besitz des geliebten Gegenstandes niemals erlangt, oder ihn durch den Tod verliert. In der Tat, schmerzlicher ist es, wenn der geliebte Gegenstand Tag und Nacht in unseren Armen liegt, aber durch beständigen Widerspruch und blödsinnige Capricen uns Tag und Nacht verleidet, dergestalt, daß wir das, was unser Herz am meisten liebt, von unserem Herzen fortstoßen, und wir selber das verflucht geliebte Weib nach dem Postwagen bringen und fortschicken müssen:

> Ade, du Königstöchterlein!

Ja, schmerzlicher als der Verlust durch den Tod ist der Verlust durch das Leben, z. B. wenn die Geliebte, aus wahnsinniger Leichtfertigkeit, sich von uns abwendet, wenn sie durchaus auf einen Ball gehen will, wohin kein ordentlicher Mensch sie begleiten kann, und wenn sie dann, ganz aberwitzig bunt geputzt und trotzig frisiert, dem ersten besten Lump den Arm reicht und uns den Rücken kehrt . . .

Ade, du Schäfer mein!

Vielleicht erging es Herren Uhland selber nicht besser als uns. Auch seine Stimmung muß sich seitdem etwas verändert haben. Mit g'ringen Ausnahmen hat er seit zwanzig Jahren keine neue Gedichte zu Markte gebracht. Ich glaube nicht, daß dieses schöne Dichtergemüt so kärglich von der Natur begabt gewesen und nur einen einzigen Frühling in sich trug. Nein, ich erkläre mir das Verstummen Uhlands vielmehr aus dem Widerspruch, worin die Neigungen seiner Muse mit den Ansprüchen seiner politischen Stellung geraten sind. Der elegische Dichter, der die katholisch feudalistische Vergangenheit in so schönen Balladen und Romanzen zu besingen wußte, der Ossian des Mittelalters, wurde seitdem, in der württembergischen Ständeversammlung, ein eifriger Vertreter der Volksrechte, ein kühner Sprecher für Bürgergleichheit und Geistesfreiheit. Daß diese demokratische und protestantische Gesinnung bei ihm echt und lauter ist, bewies Herr Uhland durch die großen persönlichen Opfer, die er ihr brachte; hatte er einst den Dichterlorbeer errungen, so erwarb er auch jetzt den Eichenkranz der Bürgertugend. Aber eben weil er es mit der neuen Zeit so ehrlich meinte, konnte er das alte Lied von der alten Zeit nicht mehr mit der vorigen Begeisterung weiter singen; und da sein Pegasus nur ein Ritterroß war, das gern in die Vergangenheit zurücktrabte, aber gleich stätig wurde wenn es vorwärts sollte in das moderne Leben, da ist der wackere Uhland lächelnd abgestiegen, ließ ruhig absatteln und den unfügsamen Gaul nach dem Stall bringen. Dort befindet er sich noch bis auf heutigen Tag, und wie sein Kollege das Roß Bayard hat er alle möglichen Tugenden und nur einen einzigen Fehler: er ist tot.

Schärferen Blicken als den meinigen will es nicht entgangen sein, daß das hohe Ritterroß, mit seinen bunten Wappendecken und stolzen Federbüschen, nie recht gepaßt habe zu seinem bürgerlichen Reuter, der an den Füßen, statt Stiefeln mit goldenen Sporen, nur Schuh mit seidenen Strümpfen, und auf dem Haupte, statt eines Helms, nur einen Tübinger Doktorhut getragen hat. Sie wollen entdeckt haben, daß Herr Ludwig Uhland niemals mit seinem Thema ganz übereinstimmen konnte; daß er die naiven, grauenhaft kräftigen Töne des Mittelalters nicht eigentlich in idealisierter Wahrheit wiedergibt, sondern sie vielmehr in eine kränklich sentimentale Melancholie auflöst: daß er die starken Klänge der Heldensage und des Volkslieds in seinem Gemüte gleichsam weich gekocht habe, um sie genießbar zu machen für das moderne Publikum. Und in der Tat, wenn man die Frauen der Uhlandschen Gedichte genau betrachtet, so sind es nur schöne Schatten, verkörperter Mondschein, in den Adern Milch, in den Augen süße Tränen, nämlich Tränen ohne Salz. Vergleicht man die Uhlandschen Ritter mit den Rittern der alten Gesänge, so kommt es uns vor, als beständen sie aus Harnischen von Blech, worin lauter Blumen stecken, statt Fleisch und Knochen. Die Uhlandschen Ritter duften daher für zarte Nasen weit minniglicher als die alten Kämpen, die recht dicke eiserne Hosen trugen und viel fraßen und noch mehr soffen.

Aber das soll kein Tadel sein. Herr Uhland wollte uns keineswegs in wahrhafter Kopei die deutsche Vergangenheit vorführen, er wollte uns vielleicht nur durch ihren Widerschein ergötzen; und er ließ sie freundlich zurückspiegeln von der dämmernden Fläche seines Geistes. Dieses mag seinen Gedichten vielleicht einen besonderen Reiz verleihen und ihnen die Liebe vieler sanften und guten Menschen erwerben. Die Bilder der Vergangenheit üben ihren Zauber selbst in der mattesten Beschwörung. Sogar Männer, die für die moderne Zeit Partei gefaßt, bewahren immer eine geheime Sympathie für die Überlieferungen alter Tage; wunderbar berühren uns diese Geisterstimmen selbst in ihrem schwächsten Nachhall. Und es ist leicht begreiflich, daß die Balladen und Romanzen unseres vortrefflichen Uhlands, nicht bloß bei Patrioten von 1813, bei frommen Jünglingen und minniglichen Jungfrauen, sondern auch bei manchen Höhergekräftigten und Neudenkenden den schönsten Beifall finden.

Ich habe bei dem Wort Patrioten die Jahrzahl 1813 hinzugefügt, um sie von den heutigen Vaterlandsfreunden zu unterscheiden, die nicht mehr von den Erinnerungen des sogenannten Freiheitskrieges zehren. Jene älteren Patrioten müssen an der Uhlandschen Muse das süßeste Wohlgefallen finden, da die meisten seiner Gedichte ganz von dem Geiste ihrer Zeit geschwängert sind, einer Zeit wo sie selber noch in Jugendgefühlen und stolzen Hoffnungen schwelgten. Diese Vorliebe für Uhlands Gedichte überlieferten sie ihren Nachbetern, und den Jungen auf den Turnplätzen ward es einst als Patriotismus angerechnet, wenn sie sich Uhlands Gedichte anschafften. Sie fanden darin Lieder die selbst Max von Schenkendorf und Herr Ernst Moritz Arndt nicht besser gedichtet hätten. Und in der Tat, welcher Enkel des biderben Arminius und der blonden Thusnelda wird nicht befriedigt von dem Uhlandschen Gedichte:

Vorwärts, fort und immerfort:
Rußland rief das stolze Wort:
Vorwärts!

Preußen hört das stolze Wort,
Hört es gern und hallt es fort:
Vorwärts!

Auf, gewaltiges Österreich!
Vorwärts, tus den andern gleich!
Vorwärts!

Auf, du altes Sachsenland!
Immer vorwärts, Hand in Hand!
Vorwärts!

Bayern, Hessen, schlaget ein!
Schwaben, Franken, vor zum Rhein!
Vorwärts!

Vorwärts, Holland, Niederland!
Hoch das Schwert in freier Hand!
Vorwärts!

Grüß Euch Gott, du Schweizerbund!
Elsaß, Lothringen, Burgund!
Vorwärts!

Vorwärts, Spanien, Engelland!
Reicht den Brüdern bald die Hand!
Vorwärts!

Vorwärts, fort und immerfort!
Guter Wind und naher Port!
Vorwärts!

Vorwärts heißt ein Feldmarschall.
Vorwärts, tapfre Streiter all!
Vorwärts!

Ich wiederhole es, die Leute von 1813 finden in Herren Uhlands Gedichten den Geist ihrer Zeit aufs kostbarste aufbewahrt, und nicht bloß den politischen, sondern auch den moralischen und ästhetischen Geist. Herr Uhland repräsentiert eine ganze Periode, und er repräsentiert sie jetzt fast allein, da die anderen Repräsentanten derselben in Vergessenheit geraten und sich wirklich in diesem Schriftsteller alle resumieren. Der Ton, der in den Uhlandschen Liedern, Balladen und Romanen herrscht, war der Ton aller seiner romantischen Zeitgenossen, und mancher darunter hat, wo nicht gar

Besseres, doch wenigstens ebenso Gutes geliefert. Und hier ist der Ort wo ich noch manchen von der romantischen Schule rühmen kann, der, wie gesagt, in Betreff des Stoffes und der Tonart seiner Gedichte die sprechendste Ähnlichkeit mit Herrn Uhland bekundet, auch an poetischem Werte ihm nicht nachzustehen braucht, und sich etwa nur durch mindere Sicherheit in der Form von ihm unterscheidet. In der Tat, welch ein vortrefflicher Dichter ist der Freiherr von Eichendorff; die Lieder, die er seinem Roman »Ahnung und Gegenwart« eingewebt hat, lassen sich von den Uhlandschen gar nicht unterscheiden, und zwar von den besten derselben. Der Unterschied besteht vielleicht nur in der grüneren Waldesfrische und der kristallhafteren Wahrheit der Eichendorffschen Gedichte. Herr Justinus Kerner, der fast gar nicht bekannt ist, verdient hier ebenfalls eine preisende Erwähnung; auch er dichtete in derselben Tonart und Weise die wackersten Lieder; er ist ein Landsmann des Herren Uhland. Dasselbe ist der Fall bei Herrn Gustav Schwab, einem berühmteren Dichter, der ebenfalls aus den schwäbischen Gauen hervorgeblüht, und uns noch jährlich mit hübschen und duftenden Liedern erquickt. Besonderes Talent besitzt er für die Ballade und er hat die heimischen Sagen in dieser Form aufs erfreusamste besungen. Wilhelm Müller, den uns der Tod in seiner heitersten Jugendfülle entrissen, muß hier ebenfalls erwähnt werden. In der Nachbildung des deutschen Volkslieds klingt er ganz zusammen mit Herren Uhland; mich will es sogar bedünken, als sei er in solchem Gebiete manchmal glücklicher und überträfe ihn an Natürlichkeit. Er erkannte tiefer den Geist der alten Liedesformen, und brauchte sie daher nicht äußerlich nachzuahmen; wir finden daher bei ihm ein freieres Handhaben der Übergänge und ein verständiges Vermeiden aller veralteten Wendungen und Ausdrücke. Den verstorbenen Wetzel, der jetzt vergessen und verschollen ist, muß ich ebenfalls hier in Erinnerung bringen; auch er ist ein Wahlverwandter unseres vortrefflichen Uhlands, und in einigen Liedern, die ich von ihm kenne, übertrifft er ihn an Süße und hinschmelzender Innigkeit. Diese Lieder, halb Blume, halb Schmetterling, verdufteten und verflatterten in einem der ältern Jahrgänge von Brockhaus' »Urania«. Daß Herr Clemens Brentano seine meisten Lieder in derselben Tonart und Gefühlsweise, wie Herr Uhland, gedichtet hat, versteht sich von selbst; sie schöpften beide aus derselben Quelle, dem Volksgesange, und bieten uns denselben Trank; nur die Trinkschale, die Form, ist bei Herren Uhland geründeter. Von Adalbert von Chamisso darf ich hier eigentlich nicht reden; obgleich Zeitgenosse der romantischen Schule, an deren Bewegungen er Teil nahm, hat doch das Herz dieses Mannes sich in der letzten Zeit so wunderbar verjüngt, daß er in ganz neue Tonarten überging, sich als einen der eigentümlichsten und bedeutendsten modernen Dichter geltend machte, und weit mehr dem jungen als dem alten Deutschland angehört. Aber in den Liedern seiner früheren Periode weht derselbe Odem, der uns auch aus den Uhlandschen Gedichten entgegenströmt; derselbe Klang, dieselbe Farbe, derselbe Duft, dieselbe Wehmut, dieselbe Träne ... Chamissos Tränen sind vielleicht rührender, weil sie, gleich einem Quell der aus einem

Felsen springt, aus einem weit stärkeren Herzen hervorbrechen.

Die Gedichte, die Herr Uhland in südlichen Versarten geschrieben, sind ebenfalls den Sonetten, Assonanzen und Ottaverime seiner Mitschüler von der romantischen Schule aufs innigste verwandt, und man kann sie nimmermehr, sowohl der Form als des Tones nach, davon unterscheiden. Aber wie gesagt, die meisten jener Uhlandschen Zeitgenossen, mitsamt ihren Gedichten, geraten in Vergessenheit; letztere findet man nur noch mit Mühe in verschollenen Sammlungen, wie der »Dichterwald«, die »Sängerfahrt«, in einigen Frauen- und Musenalmanachen die Herr Fouqué und Herr Tieck herausgegeben, in alten Zeitschriften, namentlich in Achim von Arnims »Trösteinsamkeit« und in der »Wünschelrute« redigiert von Heinrich Straube und Rudolf Christiani, in den damaligen Tagesblättern und Gott weiß mehr wo!

Herr Uhland ist nicht der Vater einer Schule, wie Schiller oder Goethe oder sonst so Einer, aus deren Individualität ein besonderer Ton hervordrang, der in den Dichtungen ihrer Zeitgenossen einen bestimmten Widerhall fand. Herr Uhland ist nicht der Vater, sondern er ist selbst nur das Kind einer Schule, die ihm einen Ton überliefert, der ihr ebenfalls nicht ursprünglich angehört, sondern den sie aus früheren Dichterwerken mühsam hervorgequetscht hatte. Aber, als Ersatz für diesen Mangel an Originalität, an eigentümlicher Neuheit, bietet Herr Uhland eine Menge Vortrefflichkeiten, die ebenso herrlich wie selten sind. Er ist der Stolz des glücklichen Schwabenlandes und alle Genossen deutscher Zunge erfreuen sich dieses edlen Sängergemütes. In ihm resumieren sich die meisten seiner lyrischen Gespiele von der romantischen Schule, die das Publikum jetzt in dem einzigen Manne liebt und verehrt. Und wir verehren und lieben ihn jetzt vielleicht um so inniger, da wir im Begriffe sind uns auf immer von ihm zu trennen!

Ach! nicht aus leichtfertiger Lust, sondern dem Gesetze der Notwendigkeit gehorchend, setzt sich Deutschland in Bewegung ... Das fromme, friedsame Deutschland! ... es wirft einen wehmütigen Blick auf die Vergangenheit, die es hinter sich läßt, noch einmal beugt es sich gefühlvoll hinab über jene alte Zeit die uns aus Uhlands Gedichten so sterbebleich anschaut, und es nimmt Abschied mit einem Kusse. Und noch einen Kuß, meinetwegen sogar eine Träne! Aber laßt uns nicht länger weilen in müßiger Rührung ...

> Vorwärts! fort und immerfort,
> *Frankreich* rief das stolze Wort:
> Vorwärts!

VI

»Als nach langen Jahren Kaiser Otto III. an das Grab kam, wo Karls Gebeine bestattet ruhten, trat er mit zwei Bischöfen und dem Grafen von Laumel (der dieses alles berichtet hat) in die Höhle ein. Die Leiche lag nicht, wie andere Tote; sondern saß aufrecht, wie ein Lebender auf einem Stuhl. Auf dem Haupte war eine Goldkrone, den

Zepter hielt er in den Händen, die mit Handschuhen bekleidet waren, die Nägel der Finger hatten aber das Leder durchbohrt und waren herausgewachsen. Das Gewölbe war aus Marmor und Kalk sehr dauerhaft gemauert. Um hineinzugelangen mußte eine Öffnung gebrochen werden; sobald man hineingelangt war, spürte man einen heftigen Geruch. Alle beugten sogleich die Knie, und erwiesen dem Toten Ehrerbietung. Kaiser Otto legte ihm ein weißes Gewand an, beschnitt ihm die Nägel, und ließ alles Mangelhafte ausbessern. Von den Gliedern war nichts verfault, außer von der Nasenspitze fehlte etwas; Otto ließ sie von Gold wiederherstellen. Zuletzt nahm er aus Karls Munde einen Zahn, ließ das Gewölbe wieder zumauern und ging von dannen. – Nachts drauf soll ihm im Traume Karl erschienen sein, und verkündigt haben: daß Otto nicht alt werden, und keinen Erben hinterlassen werde.«

Solchen Bericht geben uns die »deutschen Sagen«. Es ist dies aber nicht das einzige Beispiel der Art. So hat auch Euer König Franz das Grab des berühmten Roland öffnen lassen, um selber zu sehen, ob dieser Held von so riesenhafter Gestalt gewesen, wie die Dichter rühmen. Dieses geschah kurz vor der Schlacht von Pavia. Sebastian von Portugal ließ die Grüfte seiner Vorfahren öffnen und betrachtete die toten Könige, ehe er nach Afrika zog.

Sonderbar schauerliche Neugier, die oft die Menschen antreibt in die Gräber der Vergangenheit hinabzuschauen! Es geschieht dieses zu außerordentlichen Perioden, nach Abschluß einer Zeit, oder kurz vor einer Katastrophe. In unseren neueren Tagen haben wir eine ähnliche Erscheinung erlebt; es war ein großer Souverain, das französische Volk, welcher plötzlich die Lust empfand, das Grab der Vergangenheit zu öffnen und die längst verschütteten, verschollenen Zeiten bei Tageslicht zu betrachten. Es fehlte nicht an gelehrten Totengräbern, die, mit Spaten und Brecheisen, schnell bei der Hand waren, um den alten Schutt aufzuwühlen und die Grüfte zu erbrechen. Ein starker Duft ließ sich verspüren, der, als gotisches Haut-gout, denjenigen Nasen, die für Rosenöl blasiert sind, sehr angenehm kitzelte. Die französischen Schriftsteller knieten ehrerbietig nieder vor dem aufgedeckten Mittelalter. Der Eine legte ihm ein neues Gewand an, der Andere schnitt ihm die Nägel; ein Dritter setzte ihm eine neue Nase an; zuletzt kamen gar einige Poeten, die dem Mittelalter die Zähne ausrissen, alles wie Kaiser Otto.

Ob der Geist des Mittelalters diesen Zahnausreißern im Traume erschienen ist und ihrer ganzen romantischen Herrschaft ein frühes Ende prophezeit hat, das weiß ich nicht. Überhaupt, ich erwähne dieser Erscheinung der französischen Literatur nur aus dem Grunde, um bestimmt zu erklären, daß ich weder direkt noch indirekt eine Befehdung derselben im Sinne habe, wenn ich in diesem Buche eine ähnliche Erscheinung, die in Deutschland statt fand, mit etwas scharfen Worten besprochen. Die Schriftsteller, die in Deutschland das Mittelalter aus seinem Grabe hervorzogen, hatten andere Zwecke, wie man aus diesen Blättern ersehen wird, und die Wirkung, die sie auf die große Menge ausüben konnten, gefährdete die Freiheit und das Glück meines Vaterlandes. Die französischen Schriftsteller hatten nur artistische Interessen und das französische Publikum suchte nur seine plötzlich erwachte Neugier zu befriedigen. Die meisten schauten in die Gräber der Vergangenheit nur in der Absicht, um sich ein interessantes Kostüm für den Karneval auszusuchen. Die Mode des Gotischen war in Frankreich eben nur eine Mode, und sie diente nur dazu die Lust der Gegenwart zu erhöhen. Man läßt sich die Haare mittelalterlich lang vom Haupte herabwallen, und bei der flüchtigsten Bemerkung des Friseurs, daß es nicht gut kleide, läßt man es kurz abschneiden mitsamt den mittelalterlichen Ideen, die dazu gehören. Ach! in Deutschland ist das anders. Vielleicht eben weil das Mittelalter dort nicht, wie bei Euch, gänzlich tot und verwest ist. Das deutsche Mittelalter liegt nicht vermodert im Grabe, es wird vielmehr manchmal von einem bösen Gespenste belebt, und tritt am hellen, lichten Tage in unsere Mitte und saugt uns das rote Leben aus der Brust . . .

Ach! seht Ihr nicht, wie Deutschland so traurig und bleich ist? zumal die deutsche Jugend, die noch unlängst so begeistert emporjubelte? Seht Ihr nicht, wie blutig der Mund des bevollmächtigten Vampirs, der zu Frankfurt residiert und dort am Herzen des deutschen Volkes so schauerlich langsam und langweilig saugt?

Was ich in Betreff des Mittelalters im allgemeinen angedeutet, findet auf die Religion desselben eine ganz besondere Anwendung. Loyalität erfordert, daß ich eine Partei, die man hier zu Lande die katholische nennt, aufs allerbestimmteste von jenen deplorablen Gesellen, die in Deutschland diesen Namen führen, unterscheide. Nur von letzteren habe ich in diesen Blättern gesprochen, und zwar mit Ausdrücken, die mir immer noch viel zu gelinde dünken. Es sind die Feinde meines Vaterlandes, ein kriechendes Gesindel, heuchlerisch, verlogen und von unüberwindlicher Feigheit. Das zischelt in Berlin, das zischelt in München, und während du auf dem Boulevard Mont-Martre wandelst, fühlst du plötzlich den Stich in der Ferse. Aber wir zertreten ihr das Haupt, der alten Schlange. Es ist die Partei der Lüge, es sind die Schergen des Despotismus, und die Restauratoren aller Misere, aller Greuel und Narretei der Vergangenheit. Wie himmelweit davon verschieden ist jene Partei, die man hier die katholische nennt, und deren Häupter zu den talentreichsten Schriftstellern Frankreichs gehören. Wenn sie auch nicht eben unsere Waffenbrüder sind, so kämpfen wir doch für dieselben Interessen, nämlich für die Interessen der Menschheit. In der Liebe für dieselbe sind wir einig; wir unterscheiden uns nur in der Ansicht dessen, was der Menschheit frommt. Jene glauben die Menschheit bedürfe nur des geistlichen Trostes, wir hingegen sind der Meinung, daß sie vielmehr des körperlichen Glückes bedarf. Wenn jene, die katholische Partei in Frankreich, ihre eigne Bedeutung verkennend, sich als die Partei der Vergangenheit, als die Restauratoren des Glaubens derselben, ankündigt, müssen wir sie gegen ihre eigne Aussage in Schutz nehmen. Das achtzehnte Jahrhundert hat den Katholizismus in Frankreich so gründlich ekrasiert, daß fast gar keine lebende Spur davon übriggeblieben, und daß derjenige, welcher den Katholizismus in Frankreich wiederherstellen will, gleichsam eine ganz neue Religion predigt. Unter Frankreich verstehe ich Paris, nicht die Provinz; denn was die Provinz denkt ist eine ebenso gleichgültige Sache, als was unsere Beine denken; der Kopf ist der Sitz unserer Gedanken. Man sagte mir, die Franzosen in der Provinz seien gute Katholiken; ich kann es weder bejahen noch verneinen, die Menschen, welche ich in der Provinz fand, sahen alle aus wie Meilenzeiger, welche ihre mehr oder minder große Entfernung von der Hauptstadt auf der Stirne geschrieben trugen. Die Frauen dort suchen vielleicht Trost im Christentum, weil sie nicht in Paris leben können. In Paris selbst hat das Christentum seit der Revolution nicht mehr existiert, und schon früher hatte es hier alle reelle Bedeutung verloren. In einem abgelegenen Kirchwinkel lag es lauernd, das Christentum, wie eine Spinne, und sprang dann und wann hastig hervor, wenn es ein Kind in der Wiege oder einen Greis am Sarge erhaschen konnte. Ja, nur zu zwei Perioden, wenn er eben zur Welt kam oder wenn er eben die Welt wieder verließ, geriet der Franzose in die Gewalt des katholischen Priesters; während der ganzen Zwischenzeit war er bei Vernunft und lachte über Weihwasser und Ölung. Aber heißt das eine Herrschaft des Katholizismus? Eben weil dieser in Frankreich ganz erloschen war, konnte er unter Ludwig XVIII. und Karl X., durch den Reiz der Neuheit, auch einige uneigennützige Geister für sich gewinnen. Der Katholizismus war damals so etwas Unerhörtes, so etwas Frisches, so etwas Überraschendes! Die Religion, die kurz vor jener Zeit in Frankreich herrschte, war die klassische Mythologie, und diese schöne Religion war dem französischen Volke von seinen Schriftstellern, Dichtern und Künstlern mit solchem Erfolge gepredigt worden, daß die Franzosen zu Ende des vorigen Jahrhunderts, im Handeln wie im Gedanken, ganz heidnisch kostümiert waren. Während der Revolution blühte die klassische Religion in ihrer gewaltigsten Herrlichkeit; es war nicht ein alexandrinisches Nachäffen, Paris war eine natürliche Fortsetzung von Athen und Rom. Unter dem Kaiserreich erlosch wieder dieser antike Geist, die griechischen Götter herrschten nur noch im Theater, und die römische Tugend besaß nur noch das Schlachtfeld; ein neuer Glaube war aufgekommen und dieser resumierte sich in dem heiligen Namen: Napoleon! Dieser Glaube herrscht noch immer unter der Masse. Wer daher sagt, das französische Volk sei irreligiös, weil es nicht mehr an Christus und seine Heiligen glaubt, hat Unrecht. Man muß vielmehr sagen: die Irreligiosität der Franzosen besteht darin, daß sie jetzt an einen Menschen glauben, statt an die unsterblichen Götter. Man muß sagen: die Irreligiosität der Franzosen besteht darin, daß sie nicht mehr an den Jupiter glauben, nicht mehr an Diana, nicht mehr an Minerva, nicht mehr an Venus. Dieser letztere Punkt ist zweifelhaft; so viel weiß ich, in Betreff der Grazien sind die Französinnen noch immer orthodox geblieben.

Ich hoffe, man wird diese Bemerkungen nicht mißverstehen; sie sollten ja eben dazu dienen den Leser dieses Buches vor einem argen Mißverständnis zu bewahren.

Ich wäre in Verzweiflung, wenn die wenigen Andeutungen, die mir (S. 123) in Betreff des großen Eklektikers entschlüpft sind, ganz mißverstanden werden. Wahrlich, fern ist von mir die Absicht Herren Victor Cousin zu verkleinern. Die Titel dieses berühmten Philosophen verpflichten mich sogar zu Preis und Lob. Er gehört zu jenem lebenden Pantheon Frankreichs, welches wir die Pairie nennen, und seine geistreichen Gebeine ruhen auf den Sammetbänken des Luxembourgs. Dabei ist er ein liebendes Gemüt und er liebt nicht die banalen Gegenstände, die jeder Franzose lieben kann, z. B. den Napoleon, er liebt nicht einmal den Voltaire, der schon minder leicht zu lieben ist ... nein, des Herren Cousins Herz versucht das Schwerste: er liebt Preußen. Ich wäre ein Bösewicht, wenn ich einen solchen Mann verkleinern wollte, ich wäre ein Ungeheuer von Undankbarkeit ... denn ich selber bin ein Preuße. Wer wird uns lieben, wenn das große Herz eines Victor Cousin nicht mehr schlägt?

Ich muß wahrlich alle Privatgefühle, die mich zu einem überlauten Enthusiasmus verleiten können, gewaltsam unterdrücken. Ich möchte nämlich auch nicht des Servilismus verdächtig werden; denn Herr Cousin ist sehr einflußreich im Staate durch seine Stellung und Zunge. Diese Rücksicht könnte mich sogar bewegen, eben so freimütig seine Fehler wie seine Tugenden zu besprechen. Wird er selber dieses mißbilligen? Gewiß nicht! Ich weiß, daß man große Geister nicht schöner ehren kann, als indem man ihre Mängel eben so gewissenhaft wie ihre Tugenden beleuchtet. Wenn man einen Herkules besingt, muß man auch erwähnen, daß er einmal die Löwenhaut abgelegt und am Spinnrocken gesessen; er bleibt ja darum doch immer ein Herkules! Wenn wir eben solche Umstände von Herrn Cousin berichten, dürfen wir jedoch feinlobend hinzufügen: Herr Cousin, wenn er auch zuweilen schwatzend am Spinnrocken saß, so hat er doch nie die Löwenhaut abgelegt.

In Vergleichung mit dem Herkules fortfahrend, dürften wir auch noch eines anderen schmeichelhaften Unterschieds erwähnen. Das Volk hat nämlich dem Sohne der Alkmene auch jene Werke zugeschrieben, die von verschiedenen seiner Zeitgenossen vollbracht worden; die Werke des Herren Cousin sind aber so kolossal, so erstaunlich, daß das Volk nie begriff, wie ein einziger Mensch dergleichen vollbringen konnte, und es entstand die Sage, daß die Werke, die unter dem Namen dieses Herren erschienen sind, von mehreren seiner Zeitgenossen herrühren.

So wird es auch einst Napoleon gehen; schon jetzt können wir nicht begreifen, wie ein einziger Held so viele Wundertaten vollbringen konnte. Wie man dem großen Victor Cousin schon jetzt nachsagt, daß er fremde Talente zu exploitieren und ihre Arbeiten als die seinigen zu publizieren gewußt: so wird man einst auch von dem armen Napoleon behaupten, daß nicht er selber, sondern Gott weiß wer? vielleicht gar Herr Sebastiani, die Schlachten von Marengo, Austerlitz und Jena gewonnen habe.

Große Männer wirken nicht bloß durch ihre Taten,

sondern auch durch ihr persönliches Leben. In dieser Beziehung muß man Herren Cousin ganz unbedingt loben. Hier erscheint er in seiner tadellosesten Herrlichkeit. Er wirkte durch sein eignes Beispiel zur Zerstörung eines Vorurteils, welches vielleicht bis jetzt die meisten seiner Landsleute davon abgehalten hat, sich dem Studium der Philosophie, der wichtigsten aller Bestrebungen, ganz hinzugeben. Hier zu Lande herrschte nämlich die Meinung, daß man durch das Studium der Philosophie für das praktische Leben untauglich werde, daß man durch metaphysische Spekulationen den Sinn für industrielle Spekulationen verliere, und daß man, allem Ämterglanz entsagend, in naiver Armut, und zurückgezogen von allen Intrigen leben müsse, wenn man ein großer Philosoph werden wolle. Diesen Wahn, der so viele Franzosen von dem Gebiete des Abstrakten fernhielt, hat nun Herr Cousin glücklich zerstört, und durch sein eignes Beispiel hat er gezeigt: daß man ein unsterblicher Philosoph und zu gleicher Zeit ein lebenslänglicher Pair-de-France werden kann.

Freilich einige Voltairianer erklären dieses Phänomen aus dem einfachen Umstande: daß von jenen zwei Eigenschaften des Herren Cousin nur die letztere konstatiert sei. Gibt es eine lieblosere, unchristlichere Erklärung? Nur ein Voltairianer ist dergleichen Frivolität fähig!

Welcher große Mann ist aber jemals der Persiflage seiner Zeitgenossen entgangen? Haben die Athener mit ihren attischen Epigrammen den großen Alexander verschont? Haben die Römer nicht Spottlieder auf Cäsar gesungen? Haben die Berliner nicht Pasquille gegen

Friedrich den Großen gedichtet? Herren Cousin trifft dasselbe Schicksal, welches schon Alexander, Cäsar und Friedrich getroffen, und noch viele andere große Männer, mitten in Paris, treffen wird. Je größer der Mann, desto leichter trifft ihn der Pfeil des Spottes. Zwerge sind schon schwerer zu treffen.

Die Masse aber, das Volk, liebt nicht den Spott. Das Volk, wie das Genie, wie die Liebe, wie der Wald, wie das Meer, ist von ernsthafter Natur, es ist abgeneigt jedem boshaften Salonwitz, und große Erscheinungen erklärt es in tiefsinnig mystischer Weise. Alle seine Auslegungen tragen einen poetischen, wunderbaren, legendenhaften Charakter. So z. B. Paganinis erstaunliches Violinspiel sucht das Volk dadurch zu erklären, daß dieser Musiker aus Eifersucht seine Geliebte ermordet, deshalb lange Jahre im Gefängnisse zugebracht, dort zur einzigen Erheiterung nur eine Violine besessen und, indem er sich Tag und Nacht darauf übte, endlich die höchste Meisterschaft auf diesem Instrumente erlangt habe. Die philosophische Virtuosität des Herren Cousin sucht das Volk in ähnlicher Weise zu erklären, und man erzählt: daß einst die deutschen Regierungen unseren großen Eklektiker für einen Freiheitshelden angesehen und festgesetzt haben, daß er im Gefängnisse kein anderes Buch außer Kants »Kritik der reinen Vernunft« zu lesen bekommen, daß er aus langer Weile beständig darin studiert, und daß er dadurch jene Virtuosität in der deutschen Philosophie erlangte, die ihm späterhin, in Paris, so viele Applaudissements erwarb, als er die schwierigsten Passagen derselben öffentlich vortrug.

Dieses ist eine sehr schöne Volkssage, märchenhaft,

abenteuerlich, wie die von Orpheus, von Bileam, dem Sohne Boers, von Quaser dem Weisen, von Buddha, und jedes Jahrhundert wird daran modeln, bis endlich der Name Cousin eine symbolische Bedeutung gewinnt, und die Mythologen in Herren Cousin nicht mehr ein wirkliches Individuum sehen, sondern nur die Personifikation des Märtyrers der Freiheit, der, im Kerker sitzend, Trost sucht in der Weisheit, in der »Kritik der reinen Vernunft«; ein künftiger Ballanche sieht vielleicht in ihm eine Allegorie seiner Zeit selbst, eine Zeit, wo die Kritik und die reine Vernunft und die Weisheit gewöhnlich im Kerker saß.

Was nun wirklich diese Gefangenschaftsgeschichte des Herren Cousin betrifft, so ist sie keineswegs ganz allegorischen Ursprungs. Er hat, in der Tat, einige Zeit, der Demagogie verdächtig, in einem deutschen Gefängnisse zugebracht, eben so gut wie Lafayette und Richard Löwenherz. Daß aber Herr Cousin dort, in seinen Mußestunden, Kants »Kritik der reinen Vernunft« studiert habe, ist, aus drei Gründen, zu bezweifeln. Erstens: dieses Buch ist auf deutsch geschrieben. Zweitens: man muß deutsch verstehen, um dieses Buch lesen zu können. Und drittens: Herr Cousin versteht kein deutsch.

Ich will dieses, bei Leibe! nicht in tadelnder Absicht gesagt haben. Die Größe des Herren Cousin tritt um so greller ins Licht, wenn man sieht, daß er die deutsche Philosophie erlernt hat, ohne die Sprache zu verstehen, worin sie gelehrt wird. Dieser Genius, wie überragt er dadurch uns gewöhnliche Menschen, die wir nur mit großer Mühe diese Philosophie verstehen, obgleich wir mit der deutschen Sprache von Kind auf ganz vertraut sind! Das Wesen eines solchen Genius wird uns immer unerklärlich bleiben; das sind jene intuitive Naturen, denen Kant das spontaneische Begreifen der Dinge in ihrer Totalität zuschreibt, im Gegensatz zu uns gewöhnlichen analytischen Naturen, die wir erst durch ein Nacheinander und durch Kombination der Einzelteile die Dinge zu begreifen wissen. Kant scheint schon geahnt zu haben, daß einst ein solcher Mann erscheinen werde, der sogar seine »Kritik der reinen Vernunft«, durch bloße intuitive Anschauung, verstehen wird, ohne diskursiv analytisch deutsch gelernt zu haben. Vielleicht aber sind die Franzosen überhaupt glücklicher organisiert wie wir Deutschen, und ich habe bemerkt, daß man ihnen von einer Doktrin, von einer gelehrten Untersuchung, von einer wissenschaftlichen Ansicht nur ein Weniges zu sagen braucht, und dieses Wenige wissen sie so vortrefflich in ihrem Geiste zu kombinieren und zu verarbeiten, daß sie alsdann die Sache noch weit besser verstehen wie wir selber und uns über unser eignes Wissen belehren können. Es will mich manchmal bedünken, als seien die Köpfe der Franzosen, eben so wie ihre Kaffeehäuser, inwendig mit lauter Spiegeln versehen, so daß jede Idee, die ihnen in den Kopf gelangt, sich dort unzähligemal reflektiert: eine optische Einrichtung, wodurch sogar die engsten und dürftigsten Köpfe sehr weit und strahlend erscheinen. Diese brillanten Köpfe, eben so wie die glänzenden Kaffeehäuser, pflegen einen armen Deutschen, wenn er zuerst nach Paris kömmt, sehr zu blenden.

Ich fürchte, ich komme aus den süßen Gewässern des Lobes unversehens in das bittere Meer des Tadels. Ja, ich kann nicht umhin den Herren Cousin wegen eines Umstandes bitter zu tadeln: nämlich Er, der die Wahrheit liebt noch mehr als den Plato und den Tennemann, Er ist ungerecht gegen sich selber, er verleumdet sich selber, indem er uns einreden möchte, er habe aus der Philosophie der Herren Schelling und Hegel allerlei entlehnt. Gegen diese Selbstanschuldigung muß ich Herren Cousin in Schutz nehmen. Auf Wort und Gewissen! dieser ehrliche Mann hat aus der Philosophie der Herren Schelling und Hegel nicht das Mindeste gestohlen, und wenn er als ein Andenken von diesen beiden etwas mit nach Hause gebracht hat, so war es nur ihre Freundschaft. Das macht seinem Herzen Ehre. Aber von solchen fälschlichen Selbstanklagen gibt es viele Beispiele in der Psychologie. Ich kannte einen Mann, der von sich selber aussagte: er habe an der Tafel des Königs silberne Löffel gestohlen; und doch wußten wir alle, daß der arme Teufel nicht hoffähig war, und sich dieses Löffeldiebstahls anklagte, um uns glauben zu machen, er sei im Schlosse zu Gast gewesen.

Nein, Herr Cousin hat in der deutschen Philosophie immer das sechste Gebot befolgt, hier hat er auch nicht eine einzige Idee, auch nicht ein Zuckerlöffelchen von Idee eingesteckt. Alle Zeugenaussagen stimmen darin überein, daß Herr Cousin in dieser Beziehung, ich sage in dieser Beziehung, die Ehrlichkeit selbst sei. Und es sind nicht bloß seine Freunde, sondern auch seine Gegner, die ihm dieses Zeugnis geben. Ein solches Zeugnis enthalten z. B. die »Berliner Jahrbücher der wissenschaftlichen Kritik« von diesem Jahre, und da der Verfasser dieser Urkunde, der große Hinrichs, keineswegs ein Lobhudler und seine Worte also desto unverdächtiger sind, so will ich sie später in ihrem ganzen Umfange mitteilen. Es gilt einen großen Mann von einer schweren Anklage zu befreien, und nur deshalb erwähne ich das Zeugnis der »Berliner Jahrbücher«, die freilich durch einen etwas spöttischen Ton, womit sie von Herren Cousin reden, mein eigenes Gemüt unangenehm berühren. Denn ich bin ein wahrhafter Verehrer des großen Eklektikers, wie ich schon gezeigt in diesen Blättern, wo ich ihn mit allen möglichen großen Männern, mit Herkules, Napoleon, Alexander, Cäsar, Friedrich, Orpheus, Bileam dem Sohn Boers, Quaser dem Weisen, Buddha, Lafayette, Richard Löwenherz und Paganini verglichen habe.

Ich bin vielleicht der erste, der diesen großen Namen auch den Namen Cousin beigesellt. Du sublime au ridicule il n'y a qu'un pas! werden freilich seine Feinde sagen, seine frivolen Gegner, jene Voltairianer, denen nichts heilig ist, die keine Religion haben, und die nicht einmal an Herrn Cousin glauben. Aber es wird nicht das erstemal sein, daß eine Nation erst durch einen Fremden ihre großen Männer schätzen lernt. Ich habe vielleicht das Verdienst um Frankreich, daß ich den Wert des Herren Cousin für die Gegenwart und seine Bedeutung für die Zukunft gewürdigt habe. Ich habe gezeigt, wie das Volk ihn schon bei Lebzeiten poetisch ausschmückt und Wunderdinge von ihm erzählt. Ich habe gezeigt wie er sich allmählich ins Sagenhafte verliert, und wie einst eine Zeit kommt, wo der Name Victor Cousin eine Mythe sein wird. Jetzt ist er schon eine Fabel, kichern die Voltairianer.

O Ihr Verlästerer des Thrones und des Altars, Ihr Bösewichter, die Ihr, wie Schiller singt, »das Glänzende zu schwärzen und das Erhabene in den Staub zu ziehen pflegt«, ich prophezeie Euch, daß die Renommee des Herren Cousin, wie die französische Revolution, die Reise um die Welt macht! – Ich höre wieder boshaft hinzusetzen: In der Tat, die Renommee des Herren Cousin macht eine Reise um die Welt, und von Frankreich ist sie bereits abgereist.

Nachwort

Heines »Romantische Schule« ist zuerst 1833 als Fortsetzungsserie in einer Pariser Zeitschrift erschienen. Die unter dem Titel »Etat actuel de la littérature en Allemagne. De l'Allemagne depuis Mme de Staël« dort gedruckten acht Artikel waren aus dem deutschen Originalmanuskript übersetzt, nicht – wie der Autor in seiner Vorrede zur deutschen Buchausgabe behauptet – »ursprünglich in französischer Sprache abgefaßt«. Das Publikationsorgan, »L'Europe littéraire« (mit dem Untertitel »Journal de la littérature nationale et étrangère«), war eine Neugründung. Heine hatte die Ehre, mit seinem Essay unmittelbar im Anschluß an die Ankündigung des Programms der Zeitschrift das erste Heft zu eröffnen – für einen deutschen Schriftsteller, der erst seit zwei Jahren in Frankreich lebte, ein ungewöhnlicher Erfolg. Das Organ war als Aktienunternehmen gegründet worden und verfügte über eine breite finanzielle Basis, war damit aber auch, wie Heine an Varnhagen von Ense schrieb, »mißwollenden Einmischungen« vor allem von seiten der legitimistisch-katholischen Partei ausgesetzt, die sich an der Finanzierung beteiligt hatte. Unter seinem Titel trug das Blatt die gedruckte Devise »La politique est complètement exclue de ce journal« – ein Programm, gegen das sich Heines Artikel fortlaufend versündigten. Daß die am 1. März begonnene Serie mit der Nr. 37 vom 24. Mai abbrach und ein abschriftlich in Heines Nachlaß erhaltener »Neunter

Artikel«, von dem einzelne Teile später in die deutsche Buchfassung eingingen, ungedruckt blieb, dürfte damit zusammenhängen.

Noch während des Erscheinens der Artikelserie bemühte sich Heine um eine Buchausgabe des deutschen Textes. Sie wurde unter dem Titel »Zur Geschichte der neueren schönen Literatur in Deutschland« in zwei schmalen Bändchen von den Verlegern Heideloff und Campe im März und Juli 1833 herausgebracht und entspricht dem späteren Text der »Romantischen Schule« bis zum Ende des zweiten Kapitels des dritten Buches. Für die erweiterte Buchausgabe, die unter dem Titel »Die romantische Schule« im Winter 1835 (mit der Jahreszahl 1836) bei Hoffmann und Campe in Hamburg erschien, wurden die Kapitel 3 bis 6 des dritten Buches und der Anhang neu hinzugeschrieben. Diese Ausgabe wies zahlreiche für den Leser nicht erkennbare Verstümmelungen durch die Zensur auf, die vom Autor nicht mehr rückgängig gemacht werden konnten, da das Buch zu Heines Lebzeiten keine Neuauflage erlebte.

Die Druckgeschichte der »Romantischen Schule« ist in mehrfacher Hinsicht von Interesse. Der Titel des französischen Erstdrucks deutet die Stellung an, die Heine seiner Arbeit zunächst anwies. Sie sollte den gegenwärtigen Stand der deutschen Literatur darstellen, genauer: die zwanzig Jahre literarischer Entwicklung ins Auge fassen, die seit Germaine de Staëls – nach der Vernichtung des ersten Drucks von 1810 durch die napoleonische Polizei 1813 in London erschienenem – Pionierwerk »De l'Allemagne« verstrichen waren. Die Anfangspassagen des ersten Artikels machen darüber hinaus klar, daß Heine nicht nur eine Fortsetzung, sondern auch eine polemische Auseinandersetzung mit Madame de Staëls Buch vorschwebte, insbesondere mit den Tendenzen ihres Werkes, in denen er August Wilhelm Schlegels Einfluß zu erkennen glaubte.

Die erste Buchausgabe in deutscher Sprache betont dagegen mehr den historischen als den aktuellen Aspekt, indem sie sich als Beitrag »zur Geschichte der neueren schönen Literatur in Deutschland« deklariert; dies obwohl der Text mit dem französischen fast identisch ist. Die Briefe, die Heine in dieser Zeit an deutsche Freunde schreibt, deuten eher kämpferische Intentionen an; es ist dort von »guten Schwertschlägen« und der strengen Ausübung einer »Soldatenpflicht« die Rede (an Varnhagen), aber auch von dem Wunsch, eine Bilanz der Goetheschen Kunstperiode und ein Programm der neuen Literatur vorzulegen. In einem Brief an Laube, den Heine kurz zuvor kennengelernt hatte, heißt es (April 1833): »Ich schickte Ihnen mein Programm zur deutschen Literatur. (. . .) Es war nötig, nach Goethes Tode dem deutschen Publikum eine literarische Abrechnung zu überschicken. Fängt jetzt eine neue Literatur an, so ist dies Büchlein auch zugleich ihr Programm, und ich, mehr als jeder andere, mußte wohl dergleichen geben.« Um diesem Anspruch gerecht zu werden, ist er entschlossen, »noch doppelt so viel über deutsche Literatur zu schreiben« – so im Juli 1833 an Varnhagen, dem gegenüber er im gleichen Brief von seiner »Literaturgeschichte« spricht.

Man kann also davon ausgehen, daß in dem Werk verschiedene Tendenzen und Intentionen informativer, historiographischer und kritischer Art sich überkreuzen. Das gilt auch für den Adressaten der Schrift: War sie »ursprünglich«, wie noch die Vorrede zur endgültigen Buchausgabe von 1836 betont, »an Franzosen gerichtet«, so wird sie nun den Deutschen der nachgoetheschen Epoche zugedacht. Die endgültige Fassung ist zwar die umfassendste und die einzige, die, wenn auch nur kursorisch, auf einige Autoren der nachromantischen Generation – wie Laube, Gutzkow und Wienbarg – eingeht, beansprucht im Titel aber nur, eine Darstellung der romantischen Schule zu geben. Erst zu diesem Zeitpunkt hatte Heine die Absicht, seinen Überblick bis zur unmittelbaren Gegenwart fortzuführen, zumindest vorläufig aufgegeben – »dringenderer Beschäftigungen und äußerer Verhältnisse« wegen, wie es in der Vorrede heißt. Daß er im Grunde überzeugt war, mit seinem fragmentarischen Essay alles Wesentliche gesagt und mit dem Verzicht auf den weitergehenden Plan einer Literaturgeschichte die richtige Entscheidung getroffen zu haben, deutet eine (nicht datierte, jedenfalls spätere) ironische Notiz über Georg Gottfried Gervinus' »Geschichte der poetischen National-Literatur der Deutschen« (5 Bände, 1835-42) an: »Gervinus' Literaturgeschichte – Die Aufgabe war: was H. Heine in einem kleinen Büchlein voll Geist gegeben, jetzt in einem großen Buche ohne Geist zu geben – die Aufgabe ist gut gelöst.«

Wer in Vollständigkeit und Zuverlässigkeit der Information, systematischer Entfaltung der Sachproblematik und Ausgewogenheit des Urteils die Tugenden einer literarhistorischen Darstellung erblickt, wird von Heines schillerndem Beitrag zu diesem Genre notwendig enttäuscht, wenn nicht gar abgestoßen sein. Das erste der drei Bücher enthält nur Vorgeschichte: eine Charakteristik der mittelalterlichen Poesie und Kunst, in deren spiritualistisch-parabolischer Struktur Heine das ausschließliche Paradigma der romantischen Literatur erkennt; eine Würdigung Lessings; eine Darstellung der Kontroverse zwischen Voß und Stolberg; schließlich ein vergleichendes Doppelporträt Goethes und Schillers, das mit einem Nachruf auf den »großen Jupiter« von Weimar endet. Erst das zweite Buch enthält eine Auseinandersetzung mit romantischen Autoren: Friedrich und August Wilhelm Schlegel, Tieck, Schelling, Steffens, Görres und Novalis. E.T.A. Hoffmann wird erwähnt – aber nur als einer, dessen Poesie wie die des Novalis »eigentlich eine Krankheit war« (127)*, der aber keinesfalls zur romantischen Schule gerechnet werden kann. Im dritten Buch folgen noch Porträts von Brentano, Arnim, Werner, Fouqué, Uhland, Jean Paul (als dem Vorläufer des »Jungen Deutschland«) und Erwähnungen Eichendorffs, Schwabs, Wilhelm Müllers und Chamissos. Den Beschluß bildet eine Konfrontation der deutschen und französischen Romantik in politischer Perspektive. Der Anhang enthält eine beißend ironische Abfertigung des französischen Philosophen Cousin und seiner Versuche, den Franzosen die Philosophie des deutschen Idealismus nahezubringen. Die Darstellung ist in hohem Maße episodisch und verschmäht, wo es um die Diskreditierung des politischen Gegners geht, auch moralisierende Denunziationen privaten Verhal-

* Die Seitenangaben beziehen sich auf die vorliegende Ausgabe.

tens und die genüßliche Ausbreitung intimer Details nicht. Opfer dieser polemischen Strategie sind vor allem die Brüder Schlegel.

Dennoch ist die »Romantische Schule« sehr viel mehr als ein journalistisches Pamphlet. Die kritische Porträtgalerie verwandelt sich unterderhand in eine Szenenfolge, die es dem Autor erlaubt, sich als Person zur Geltung zu bringen und sein problematisches Verhältnis zu den einzelnen Romantikern in wechselnden Konfigurationen auszuagieren. Einige Jahre später, in seiner Börne-Denkschrift, hat Heine diese Methode der Darstellung auf die Formel gebracht, das »beständige Konstatieren« der eigenen Persönlichkeit sei »das geeignetste Mittel, ein Selbsturteil des Lesers zu fördern.« Was dort über seine kritische Selbstkonfrontation mit Börne gesagt wird, gilt zumindest ansatzweise auch schon für die Verfahrensweise der »Romantischen Schule«: »(. . .) ich liefere hier weder eine Apologie noch eine Kritik des Mannes, womit sich diese Blätter beschäftigen. Ich zeichne nur sein Bild, mit genauer Angabe des Ortes und der Zeit, wo er mir saß. Zugleich verhehle ich nicht, welche günstige oder ungünstige Stimmung mich während der Sitzung beherrschte. Ich liefere dadurch den besten Maßstab für den Glauben, den meine Angaben verdienen.« Zwar hat Heine weder in der »Romantischen Schule« noch in der Börne-Denkschrift seine Idiosynkrasien konsequent der hier skizzierten objektivierenden Tendenz unterstellt, doch gibt es in beiden Schriften Passagen und Kapitel, die auf bloße polemische Liquidierung des Gegners verzichten und das Bemühen erkennen lassen, den Zusammenhang von literarischem Werk und kritischem Urteil als perspektivisch verschiebbare und historisch veränderliche Konstellation kenntlich zu machen. Die mit dem Index eines bestimmten Stand- und Zeitpunkts ausgezeichnete Subjektivität des Lesers oder Kritikers kann auf diese Weise in den Dienst literarhistorischer Gerechtigkeit treten.

Ein Beispiel hierfür ist das Ludwig Uhland gewidmete Kapitel V des dritten Buchs. Hier werden verschiedene Phasen der Begegnung mit Uhlands Werk in autobiographischer Sicht dargestellt, von der bedingungslosen Begeisterung des jungen Heine für die »Uhlandsche Muse« bis zur Entfremdung des Pariser Emigranten von den »schönen Schatten« der alten Welt – Rezeptionsgeschichte in Form einer melancholischen Liebesgeschichte zwischen Leser und Text. Ein zunächst noch nicht artikulierbares Gefühl der Unangemessenheit beim lyrischen Rezitieren in freier Natur – personifiziert zunächst nur in den mit »komischem Pathos« respondierenden Nixen, die »bei den schönsten Stellen in Uhlands Gedichten ironisch kicherten« (191) – verschärft sich mit der Zeit zu der Einsicht, daß dem imitierten Mittelalter des Gedichts keine Gefühlsrealität im Leser mehr entspricht. Heines Zitattechnik – er konfrontiert einzelne Gedichtzeilen mit immer neuen privaten und historischen Erfahrungen – macht den Prozeß der Sinnentleerung unbarmherzig sichtbar: »Dasselbe Buch habe ich wieder in Händen, aber zwanzig Jahre sind seitdem verflossen, ich habe unterdessen viel gehört und gesehen, gar viel (. . .), und der alte Spuk wirkt nicht mehr auf mein Gemüt. Das Haus, worin ich eben sitze und lese, liegt auf dem Boulevard Mont-Martre; und dort branden die wildesten Wogen des Tages, dort kreischen die lautesten Stimmen der modernen Zeit. (. . .) Ist das nun der Ort, wo man Uhlands Gedichte lesen kann? Dreimal habe ich den Schluß des (. . .) Gedichtes mir wieder vordeklamiert, aber ich empfinde nicht mehr das unnennbare Weh, das mich einst ergriff (. . .).« Erst retrospektiv ist der Betrachter in der Lage, diese subjektive Erfahrung als objektiven Befund, als Kritik an der Brüchigkeit des Textes selbst, zu formulieren. Es gehört zu Heines Technik der Perspektivierung, daß er selbst dieses Urteil als die – standpunktgebundene – Meinung eines Fremden einführt, dessen Einsicht er sich erst spät, im Gefolge neuer Lebenserfahrungen, zu eigen machen konnte: »Schärferen Blicken als den meinigen will es nicht entgangen sein, daß das hohe Ritterroß, mit seinen bunten Wappendecken und stolzen Federbüschen, nie recht gepaßt habe zu seinem bürgerlichen Reuter, der an den Füßen, statt Stiefeln mit goldenen Sporen, nur Schuh mit seidenen Strümpfen, und auf dem Haupte, statt eines Helms, nur einen Tübinger Doktorhut getragen hat. Sie wollen entdeckt haben, daß Herr Ludwig Uhland niemals mit seinem Thema ganz übereinstimmen konnte (. . .)« (194).

Das Gesamturteil über Uhland fällt positiv aus, weil Heine ihm eine dem eigenen Lernprozeß analoge Bewußtseinsentwicklung unterstellt und sein Verstummen als Symptom des Widerspruchs interpretiert, in den »die Neigungen seiner Muse mit den Ansprüchen seiner politischen Stellung geraten« seien. Dem »kühnen

Sprecher für Bürgergleichheit und Geistesfreiheit« in der württembergischen Ständeversammlung billigt er, wie sich selbst, das Recht romantischer Nostalgie zu: »Die Bilder der Vergangenheit üben ihren Zauber selbst in der mattesten Beschwörung. Sogar Männer, die für die moderne Zeit Partei gefaßt, bewahren immer eine geheime Sympathie für die Überlieferungen alter Tage; wunderbar berühren uns diese Geisterstimmen selbst in ihrem schwächsten Nachhall.« (195)

Heines Kritik an dem romantischen Rückgriff auf mittelalterliche Stoffe und Formen unterscheidet zwei verschiedene Weisen, mit den aktuellen politischen Interessen auch die weniger zeitgebundenen ästhetischen zu verfehlen: Bei den Brüdern Schlegel, bei Görres und Schelling ahndet er die Todsünde der restaurativ-ideologischen, bei Tieck, Uhland und Fouqué die läßliche Sünde der kunsthandwerklich-dekorativen Adaptation des Alten. Dennoch verfällt die Wiederaufnahme archaischer Überlieferungen keinem generellen Verdikt. Die »Romantische Schule« entwickelt wie die Schrift »Zur Geschichte der Religion und Philosophie in Deutschland« Ansätze eines dem romantischen Konservativismus gegenläufigen Traditionsverständnisses. Als Beispiel von nationaler Repräsentanz fungiert dabei Goethes »Faust«. Auch Goethe, so Heines Sicht, schöpft mit seinem »Faust« aus dem Reservoir alter Überlieferung, aber anders als die Romantiker ergreift er keinen literarischen Stoff, der in möglichst ungebrochener Form feudales oder christlich-asketisches Ideengut symbolisiert (wie etwa der von Fouqué restaurierte Ritterroman oder die von Tieck dramatisch neubearbeitete volkstümliche Heiligenlegende), sondern einen thematischen Komplex, der von der Spannung zwischen alter Symbolik (repräsentiert im Motivkreis von Teufelspakt und Höllenfahrt) und Antizipation neuer Bedürfnisse (»Rehabilitation des Fleisches«) lebt, damit auch gegenwärtige, zum Teil verschüttete Erfahrungen und uneingelöste, weil verdrängte Ansprüche zur Sprache zu bringen vermag. Der Fauststoff, auf den Goethe mit »unbewußtem Tiefsinn« – nicht aufgrund einer literarischen Programmatik – zurückgreift, partizipiert an einer Jahrhunderte übergreifenden ideengeschichtlichen Bewegung, die vom Geist der Reformation zur Revolution als politischer Befreiungstat führen soll. Die Wahl gerade dieses Stoffes ist kein Akt der Bewahrung, sondern ein Akt der Prophetie, wenn nicht gar der Entbindung revolutionärer Kräfte: »Das (...) deutsche Volk ist selber jener gelehrte Doktor Faust, es ist selber jener Spiritualist, der mit dem Geiste endlich die Ungenügbarkeit des Geistes begriffen und nach materiellen Genüssen verlangt, und dem Fleische seine Rechte wiedergibt (...). Es wird aber noch einige Zeit dauern, ehe beim deutschen Volke in Erfüllung geht was es so tiefsinnig in jenem Gedichte prophezeit hat, ehe es eben durch den Geist die Usurpationen des Geistes einsieht, und die Rechte des Fleisches vindiziert. Das ist dann die Revolution, die große Tochter der Reformation.« (71)

Der »West-östliche Divan« ist für Heine das zweite in diesem Sinne »revolutionäre« Werk Goethes und repräsentiert insofern eine noch höhere literarische Synthese, als der Dichter hier nicht nur, wie im »Faust«, seinem »Mißbehagen an dem abstrakt Geistigen« und seinem

»Verlangen nach reellen Genüssen« Ausdruck verleiht, sondern »sich gleichsam mit dem Geiste selbst in die Arme des Sensualismus« wirft (73). Die hier entworfene Linie einer Gegentradition literarischen Ketzertums wird nicht nur nach vorn, zum »Jungen Deutschland« hin, sondern auch zurück ins Mittelalter, in die Waffenkammer der literarischen und politischen Restauration, verlängert. Gottfried von Straßburg, der sich in »Tristan und Isolde« »den Ketten der abstrakten christlichen Tugenden entwindet und wohlgefällig sich hinabtaucht in die Genußwelt der verherrlichten Sinnlichkeit«, wird gerade dadurch, daß er den christlichen Spiritualismus des Mittelalters »frondiert«, dessen größter Dichter, »überragt noch alle Herrlichkeit des Wolfram von Eschilbach, den wir im ›Parzival‹ und in den Fragmenten des ›Titurel‹ so sehr bewundern« (21).

Heine insistiert allerdings darauf, daß der revolutionäre Gehalt der großen Kunstwerke nicht von ihrer ästhetischen Gestalt abzulösen ist. Wenn diese Werke Entwicklungstendenzen der Geschichte, wenn sie Wünsche und Bedürfnisse des Volkes vorwegnehmend aussprechen, dann nicht in Form eindeutiger Parolen und nur selten mit dem Erfolg sofortiger Wirkung. Im Gegenteil: Daß ein großes Werk schon bei den Zeitgenossen auf starke Resonanz stößt – wie etwa der »Faust« –, ist die Ausnahme; und wenn es geschieht, dann oft aufgrund von Wirkungsmechanismen, die sich nachträglich als Mißverständnis, als Verkennung der eigentlichen Leistung entpuppen. Von Goethes frühen Werken waren der »Götz von Berlichingen« und der »Werther« zwar »mit Begeisterung aufgenommen« worden, aber »die Werke der gewöhnlichsten Stümper waren es nicht minder«. Der Erfolg war mehr eine Folge ihres »Stoffes als (...) ihrer artistischen Vorzüge, die fast niemand in diesen Meisterwerken zu schätzen verstand. Der ›Götz‹ war ein dramatisierter Ritterroman und diese Gattung liebte man damals. In dem ›Werther‹ sah man nur die Bearbeitung einer wahren Geschichte, die des jungen Jerusalem, eines Jünglings, der sich aus Liebe totgeschossen, und dadurch in jener windstillen Zeit einen sehr starken Lärm gemacht; (...) das Buch machte, durch seinen Stoff, einen bedeutenden Knalleffekt.« (31 f.) Es macht den überzeitlichen Rang des Kunstwerks aus, daß es nicht auf die Scheinbedürfnisse des Tages antwortet, die, wie Heine an der offiziellen Kulturpolitik der Restauration zeigt – »Für die Kunst wird jetzt in Deutschland alles mögliche getan, namentlich in Preußen« (104 f.) –, künstlich erzeugt und gesteuert sein können.

Eine Konsequenz der Heineschen Konzeption vom »unbewußten Tiefsinn« oder – wie es in den »Französischen Malern« heißt – von der »mystischen Unfreiheit« der Künstler ist, daß sich das kritisch-literarhistorische Interesse von der Intention des Autors auf den Sinn des Werkes verlagert. Dieser Sinn der großen Werke ist für den Leser so wenig ausschöpfbar, wie er dem hervorbringenden Künstler bewußt sein muß. Da er prophetischer Natur ist, kann ihm die Geschichte nichts anhaben; sie läßt ihn vielmehr Schritt um Schritt immer glänzender und vielfältiger hervortreten. Wie tief Heine gerade in dieser Ästhetik und Hermeneutik der Denkstruktur – nicht den Gehalten – des romantischen

Spiritualismus und deren christlich-mittelalterlichen Prämissen verpflichtet bleibt, läßt sich an vielen Beispielen belegen. So folgt der das Tieck-Kapitel des zweiten Buches abschließende Exkurs über Cervantes bis in Einzelheiten des Verfahrens und der Diktion hinein den Prinzipien der von den christlichen Kirchenvätern ausgebildeten allegorischen Interpretation (111 f.). Auf der ersten Stufe orientiert sich Heines Auslegung des »Don Quijote« noch am historisch-buchstäblichen Sinn des Werkes, das auf dieser Ebene als vom Autor intendierte Persiflage des anachronistischen Versuchs einer Restaurierung mittelalterlichen Rittertums verstanden wird (und in dieser Hinsicht dem heutigen Leser eine Nutzanwendung auf analoge romantische Versuche erlaubt). Die zweite Interpretation arbeitet einen überzeitlichen moralischen Sinn heraus, indem sie das Verhältnis Don Quijote–Sancho Pansa als allgemeiner angelegte Satire auf den Idealismus, das heißt: Don Quijote als Verkörperung der scheiternden »idealischen Begeisterung«, Sancho Pansa als Inkarnation des egoistischen »realen Verstandes« betrachtet. Auf der dritten Stufe schließlich wird diese Konstellation zur Allegorie der Problematik von Geist und Materie erhoben, die einen auf die letzten Fragen menschlichen Heils oder Unheils zielenden mystischen Sinn entbindet. Dieser mystische Sinn (»die Frage über den Geist und die Materie in ihrer gräßlichsten Wahrheit«) zielt bei Heine allerdings nicht mehr auf christliche Heilswahrheiten, etwa auf die Lehre von Sündenfall und Erlösung, sondern auf seine anthropologische Konzeption eines grundlegenden Antagonismus von Spiritualismus und Sensualismus. Das Auslegungsschema ist theologisch-christlich, die Schlußwendung skeptisch-materialistisch: »Wirklich, der Leib scheint oft mehr Einsicht zu haben, als der Geist, und der Mensch denkt oft viel richtiger mit Rücken und Magen, als mit dem Kopf.« (112)

In Heines spannungsvollem Verhältnis zur Romantik liegt mehr Affinität, ja Identifikation, als der polemische Anlaß der Schrift auszusprechen erlaubte. Sein Werk zehrt von den Stoffen, Formen und Ideen, den gelehrten Traditionen und den volkstümlichen Überlieferungen, die erst durch die Romantiker dem modernen Bewußtsein wieder erschlossen wurden. Liest man die »Romantische Schule« im Lichte einer Bemerkung in der zeitlich benachbarten Abhandlung »Zur Geschichte der Religion und Philosophie in Deutschland«, so scheint die Annahme nicht mehr abwegig, daß Heine sich in diesen beiden Arbeiten (und den »Elementargeistern«) nicht als Antagonisten der romantischen Schule begreift, sondern als Hüter des von ihren eigenen Vertretern verdrängten, einer christlich-katholisch-restaurativen Lebenslüge geopferten Schulgeheimnisses der Romantik:

»In der Tat, unsere ersten Romantiker handelten aus einem pantheistischen Instinkt, den sie selbst nicht begriffen. Das Gefühl, das sie für Heimweh nach der katholischen Mutterkirche hielten, war tieferen Ursprungs als sie selbst ahnten, und ihre Verehrung und Vorliebe für die Überlieferungen des Mittelalters, für dessen Volksglauben, Teufeltum, Zauberwesen, Hexerei . . . alles das war eine bei ihnen plötzlich erwachte aber unbegriffene Zurückneigung nach dem Pantheismus der alten Germanen, und in der schnöde beschmutzten und boshaft verstümmelten Gestalt liebten sie eigentlich nur die vorchristliche Religion ihrer Väter. (. . .) Sie wollten das katholische Wesen des Mittelalters restaurieren, weil sie fühlten, daß von den Heiligtümern ihrer ältesten Väter, von den Herrlichkeiten ihrer frühesten Nationalität, sich noch manches darin erhalten hat; es waren diese verstümmelten und geschändeten Reliquien, die ihr Gemüt so sympathetisch anzogen, und sie haßten den Protestantismus und den Liberalismus, die dergleichen mitsamt der ganzen katholischen Vergangenheit zu vertilgen streben.«

Die ironische Pointe dieser tiefenpsychologisch anmutenden Diagnose liegt darin, daß auch Heines aus den verschiedensten Quellen – aufklärerischem Gedankengut, Goetheschem Neuheidentum, Hegelianismus, Saint-Simonismus – gespeiste Kritik romantischer Ideologie nicht frei von Tendenzen der Realitätsverdrängung war. Seine Abwehr des christlichen Leidens- und Entsagungskults und der aus ihm hervorgegangenen Poesie – einer »Passionsblume, die dem Blute Christi entsprossen« (15) – war geschichtsphilosophisch und politisch in dem Glauben begründet, daß eine kommende Revolution nicht nur die gesellschaftlichen Verhältnisse, sondern auch die über Jahrhunderte geknechtete und verstümmelte menschliche Natur grundlegend erneuern werde. In einem von Heines letzten, nach dem Scheitern der Revolutionen und am Ende eines qualvollen Krankenlagers geschriebenen Gedichten kehrt das Bild der Passionsblume wieder:

»Solch eine Blum an meinem Grabe stand,
Und über meinen Leichnam niederbeugend,
Wie Frauentrauer, küßt sie mir die Hand,
Küßt Stirne mir und Augen, trostlos schweigend.«

Der Heine der dreißiger Jahre hätte in der Verknüpfung von Poesie und Krankheit gern nichts weiter als eine tragisch blinde, wenn nicht böswillige Verleumdung des Lebens gesehen. Aber schon hier gelingt es ihm nicht mehr, in der Melancholie der großen Romantiker und ihrer Rückwärtsgewandtheit nur ein pathologisches Syndrom zu erblicken. Nicht erst im Spätwerk, schon in der Börne-Denkschrift von 1840 werden die Fragen vernehmlich gestellt, die der Verfasser der »Romantischen Schule« als »romantique défroqué« sehr wohl kannte, aber noch nicht aussprechen wollte:

»Wer enträtselt diese Stimme der Vorzeit, diese uralten Hieroglyphen? Sie enthalten vielleicht keinen Fluch, sondern ein Rezept für die Wunde unserer Zeit! O wer lesen könnte! Wer sie ausspräche, die heilenden Worte, die hier eingegraben ... Es steht hier vielleicht geschrieben, wo die verborgene Quelle rieselt, woraus die Menschheit trinken muß, um geheilt zu werden, wo das geheime Wasser des Lebens, wovon uns die Amme in den alten Kindermärchen so viel erzählt hat, und wonach wir jetzt schmachten als kranke Greise. – Wo fließt das Wasser des Lebens? Wir suchen und suchen ...«

Norbert Altenhofer

Inhalt

Zu dieser Ausgabe

Heinrich Heine
Die romantische Schule

Der Text folgt der Ausgabe: Heinrich Heine, Werke in vier Bänden. Vierter Band. Herausgegeben von Helmut Schanze. Insel Verlag, Frankfurt am Main 1968. Für die vorliegende Ausgabe schrieb Norbert Altenhofer das Nachwort.
Umschlagabbildung: Ludwig Adrian Richter (1803-1884), *Überfahrt über die Elbe am Schreckenstein bei Aussig* (1837). Öl auf Leinwand. Staatliche Kunstsammlungen, Dresden